「黄金の羽根」を手に入れる自由と奴隷の人生設計

橘 玲＋海外投資を楽しむ会・編著

講談社＋α文庫

文庫版まえがき

前著『世界にひとつしかない「黄金の人生設計」』（以下、『黄金の人生設計』）では、21世紀初頭を生きる私たち日本人の人生がどのような条件によって規定されているかを、不動産と生命保険、年金・医療保険制度に焦点をあてて検討した。本書では、税・社会保障制度とファイナンス（資金調達）を中心に、日本社会の構造的な歪みが私たちの人生にどのような影響を与えるかを考えている。

私たちはみな、日本の社会が不公平であると感じている。政治家は権力を弄《もてあそ》び、官僚は国民の税金を不正に流用し、大企業は血も涙もない金儲けゲームに興じている。その陰で虐《しいた》げられた庶民は、不況に耐えリストラに怯《おび》え、日々の生活を必死に生きている……。これは私たちの大好きな物語だ。

美しい嘘は恋人たちを幻惑する。美しい物語は、私たちを正義へと導いてくれるかもしれない。だがその美しさが、幸福な人生へとつづいている保証はない。

争いや不正のない、自由で平等な社会を夢想する人たちがいる。だが残念なことに、私たちが生きている間にそのような理想社会が実現する可能性はない。社会は異なる思想信条と多様な欲望をもつ人々の集積であり、その衝突は、しばしば際限のない殺し合いに帰着する。刻一刻と変化する万華鏡のような市場を、国家という不器用かつ鈍重な装置で管理することができるはずもない。

私たちの社会は構造的に歪んでいる。これは善悪の問題ではなく、たんなる事実だ。その歪みから利益を得る人もいれば、富を奪われる人もいる。問われているのは、あなたがどちら側に立っているかだ。

社会保障制度の崩壊が人々の不安を煽《あお》っている。少子高齢化によって年金制度は破綻《はたん》する運命にあり、それを避ける方法はないのだという。だとしたら、解決不能の問題を侃々諤々《かんかんがくがく》議論することになんの意味があるだろう？

だれもが億万長者になる夢を叶《かな》えられるはずもない。だが幸いなことに、世界でもっとも豊かな国のひとつである日本で、自分と家族の生活を守るのに十分な資産を築くことはそれほど難しくない。

必要なのは、経済合理的に人生を設計する知識と技術だ。

＊

本書の親本は、２００１年７月にメディアワークスから刊行された『ゴミ投資家のための人生設計入門［借金編］』であり、その後、前半部分（人生設計編）は『お金持ちになれる黄金の羽根の拾い方』、後半部分（ファイナンス編）は『得する生活』（ともに幻冬舎）へと展開された。今回の文庫化にあたっては、構成を一部組み替え、細かなデータ部分を割愛し、シンプルにコンセプトが伝わるよう工夫したつもりだ。

個人的なことをいうならば、本書の制作に携《たずさ》わったことが、サラリーマンとしての生活に区切りをつけるきっかけとなった。その意味で、私にとって思い出深い作品でもある。

２００４年７月

橘《たちばな》　玲《あきら》

〔補足〕
＊文庫化にあたり不要と思われる一部の記述・図表を削除した。
＊本書は２００１年時点のデータに基づいて書かれたが、文庫化にあたり必要に応じて最新のデータを補った。

「黄金の羽根」を手に入れる自由と奴隷の人生設計◉目次

PART2 ファイナンス編

「黄金の羽根」を手に入れる自由と奴隷の人生設計

PART1 人生設計編

STEP1　サラリーマンのための「自由」の思想

1．サラリーマンは奴隷だが、だからこそおいしい思いもできる

給与明細書を眺めてみる

あなたは、毎月会社からもらっている給与明細書をちゃんと見たことがあるでしょうか？　どんな横着なサラリーマンでも、毎月の手取り収入（銀行口座に振り込まれる額）を知らない人は、まずいないでしょう。ボーナスの額も、生活に直結しますから大事です。年末に会社から源泉徴収票をもらうときは、年収の額を必ずチェックしますよね。

では、あなたが払っている所得税や地方税（住民税）、厚生年金や健康保険・介護保険・

雇用保険の保険料はいくらですか？　所得税率が何％で、どのような計算式で年金や保険料の額が決められているのか、知っていますか？

こう聞かれて、即答できる人は少ないでしょう。

「毎日、朝から夜中までこき使われてるんだから、そんなことに構ってられないよ」という人もいるでしょう。しかし、たまには日々の喧騒《けんそう》を忘れて、給与明細書や源泉徴収票と真摯《しんし》に向き合ってみると、いままで気づかなかったいろいろなことが見えてきます。

サラリーマンの人生設計は、あなた自身が生み出すキャッシュフローの根源である給料の仕組みについて理解することからはじまるのです。

人生を財務諸表で考えよう

『黄金の人生設計』でも述べたように、私たちの提案は、「自分の人生は自分で設計しよう！」というものです。

私たちが資産や家計を管理するときには、貸借対照表 Balance Sheet（B／S）や損益計算書 Profit and Loss Statement（P／L）などの、企業会計の基本的な手法が非常に役に立ちます。こうした財務諸表の読み方は、株式投資において企業の適正価値を推定する必須知識でもあるので、覚えておいて損はありません。

財務諸表で家計を管理する必要については『黄金の人生設計』で触れたので、本書であらためて解説を加えることはしません。ここでは、必要最低限の知識のみ再確認しておきましょう（次ページ図表①）。

バランスシートの見方は、企業でも個人の家計でも同じです。個人の場合、バランスシートの「資産の部 Asset」は、預貯金や株式などの金融資産や自宅などの不動産資産、さらにはゴルフ会員権や絵画など、換金可能な資産をすべて時価評価した金額になります。「負債の部 Debt」は、住宅ローンや教育ローンその他の各種金融機関からの借入額（身内や友人からの借金も含む）です。「資本の部 Equity」は、時価評価された「資産」から「負債」を引いた「純資産 Net Asset Value」のことで、すべての資産を売り払い、負債を全額返済した後に残る、あなたがこれまでの人生で蓄えてきた経済的価値の総額です。この「純資産＝自己資本」をできるだけ大きくしていくことが、人生設計の当面の目標になります。

損益計算書のほうはもっと簡単です。サラリーマンの場合、給与やボーナスの税込総額がその年の売り上げになります。そこから毎月の家賃や食費などの生活コスト（住宅ローンを借りている場合はローン返済額）、子どもの教育費、旅行や冠婚葬祭などの諸経費を引いた

■図表①　家計のバランスシートと損益計算書

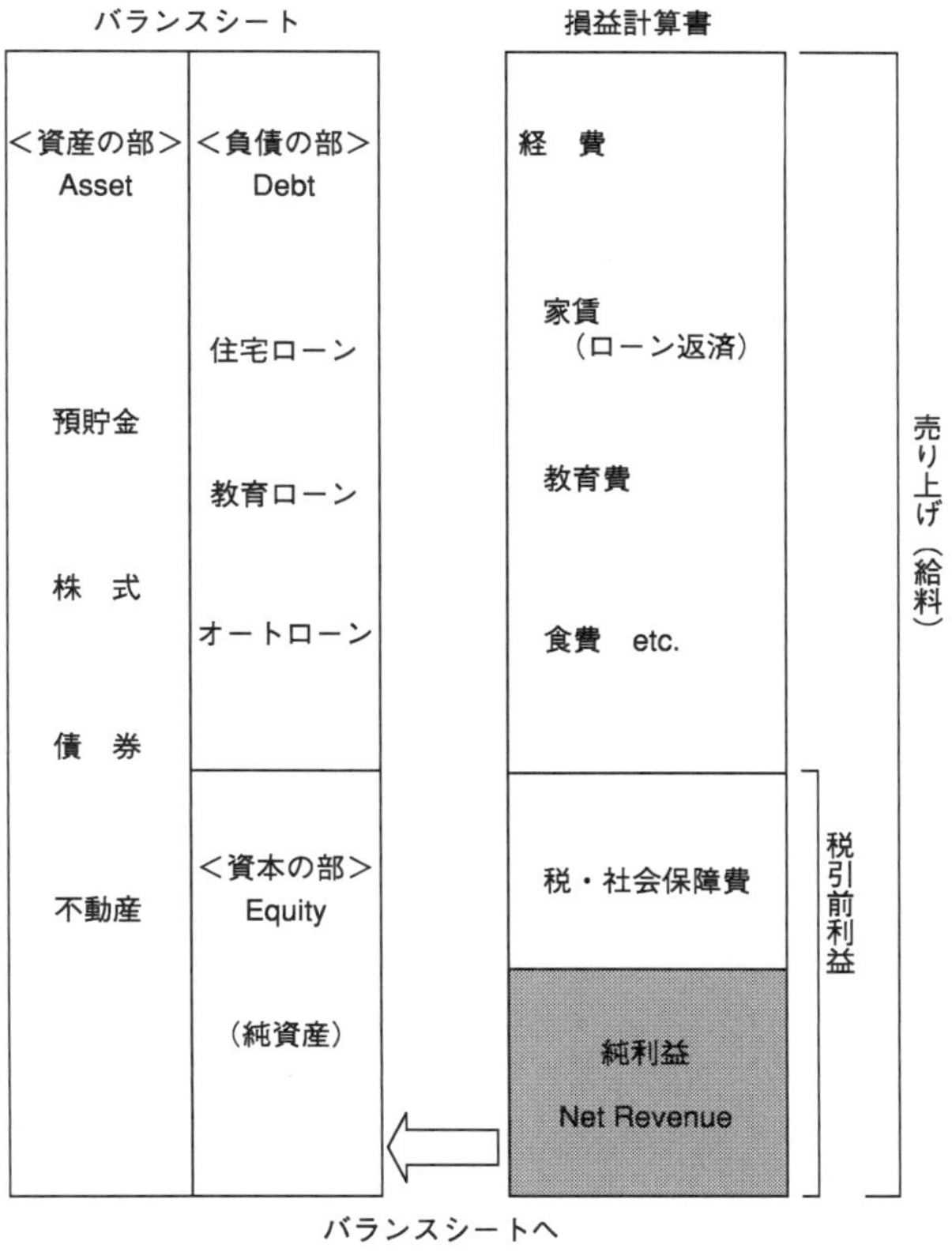

額が「税引き前利益」で、さらにその税引き前利益から所得税や住民税などの税コストと、年金・健康保険などの社会保障費を支払った残りが「純利益 Net Revenue」になります。この純利益が、バランスシートの「資産の部」と「資本の部」に加えられて、その分だけ純資産が増大するわけです。

サラリーマンは優遇されている?

さて、復習が終わったところで、ここからが本題です。

家計の損益計算書 P/L をつくるうえで大事なポイントは、毎月の収入をいきなり「手取り」換算しないことです。税金はあくまでも、年間所得から「経費」を差し引いた「税引き前利益」に対して、所定の税率で課されます。税の源泉徴収制度というのは、前年度の納付税額を基準にした毎月の「仮払い」でしかありません。「給料＝手取り収入」と考えると、税込み収入こそがあなたが実際に働いて得た所得であり、そこから国が税金や社会保障費の名目で勝手にお金を取り上げていくという構造が見えなくなってしまいます。

多くのサラリーマンは、

給与－（所得税＋地方税＋社会保障費〈厚生年金・厚生年金基金・組合健保・介護保険・雇用保険料〉）＝手取り収入

と考えていますが、これは錯覚で、

給与－経費＝税引き前利益
税引き前利益－税・社会保障費＝純利益（手取り収入）

というように正しく把握しなくてはなりません。

もうひとつのポイントは、**サラリーマンの「経費」は「給与所得控除」として日本国が一方的に決めており、実際にかかった経費とはなんの関係もない**、ということです。

ここで、年齢45歳で、専業主婦の妻と2人のかわいい子どもがいる絵に描いたような典型的サラリーマン、鈴木一郎さんに登場してもらいましょう。この一郎さんの年収が８００万円だとすると、所得税法によれば、日本国は２００万円の給与所得控除を認めてくれます。

この２００万円の経費（1ヵ月あたり約17万円）が、サラリーマンとして仕事を遂行《すいこう》するために一郎さんが自腹を切って支払っているであろう金額だと、国がみなしているということです。

ところでちょっと考えればわかるように、サラリーマンとしてふつうに仕事をしていくために、年間200万円（月17万円）もの経費は必要ありません。日本の会社はとかくめんどうみがいいので、交通費はもちろん、社宅や住宅補助、福利厚生用のリゾートマンションや野球グラウンド、英会話学校などの研修費用やMBA取得のための留学費用まで支払ってくれます（さすがに最近はずいぶんケチになってきましたが）。

サラリーマンが個人で支払わなければいけない費用としては、スーツ代とワイシャツのクリーニング代くらいしか思いつかない、という人も多いでしょう。サラリーマンというのは、その実態に比べて、はるかに多額の経費を国から認められているのです。

ここから、

サラリーマンは自営業者に比べて優遇されている

という、思わぬ事実が明らかになります。

一時期、「サラリーマンにも必要経費を認めろ！」と騒ぐ人たちがいて、新聞などでもその主張が紹介されていましたが、給与所得控除以上に経費を使うサラリーマン（自費でMBA取得のためにアメリカに留学する、とか）が、世の中にいったいどのくらいいるのか、きわめて疑問です。彼らの主張は、たとえば「サラリーマンのスーツ代が必要経費にならないのは不公平だ」というようなものでしたが、それを真に受けて記事を書いた新聞記者ともども、そんなものは給与所得控除としてとっくの昔に認められている、ということをまったく理解できていなかったようです。いまではちゃんとした仕立てのスーツが2万円程度で買えますから、年間200万円あれば、毎年、スーツを100着ずつ新調できます。

実際、日本国は所得税収入の大半を占めるサラリーマンに必要以上に気を遣っていて、1988年からは「特定支出控除」として、「職務に必要な知識を得るための研修費や資格の取得費」「単身赴任者の帰省費用」など、特別な出費が給与所得控除を上回った場合も経費として認めてくれるようになりました。いまでは、会社を休職して自費でMBA留学した費用も、ちゃんと経費として控除可能です。

しかし、この「特定支出控除」制度の利用者は、10年たっても100人にも達しません。このことが逆に、サラリーマンが国から実態以上の経費を認められているということを証明しています。
一般のサラリーマンにとっては、こうした過大な給与所得控除は、一種の既得権になっています。当然、その分だけ税金が安くなってラッキーなのですから、なんの文句もあろうはずがありません。

日本はいまや「税金の安い国」

さて、年収800万円の鈴木一郎さんは、200万円の必要経費を認められましたから、経費控除後の実質所得は600万円（800万円－200万円）となります。給料（収入）から経費（給与所得控除）を引いたこの実質所得が「給与所得」です。

給与所得＝給料（収入）－経費（給与所得控除）

しかし、人は必要経費だけで生きていけるわけではありません。ホームレスにでもならないかぎり住むところが必要ですし、食べ物を買うお金がなければ餓死してしまいます。このように、年齢や職業や性別や思想信条を問わず、日本国民が人間として生きていくための最低限の経費も、所得から控除されます。これが「基礎控除」で、現在は年間38万円（月額約3万円！）となっています。ここで、「たった38万円で生きていけるかどうか、おまえやってみろ！」と税務署員に文句をいってもしかたありません。どこの世界でも、税金の決め方なんて理不尽なものなのです。

扶養者控除というのは、所得のある人が所得のない人（親・配偶者・子ども）のめんどうをみるときに、やはり必要最低限の経費として国家が認めた金額です。これもまた、扶養者一人につき原則38万円となっています（配偶者の扶養経費については、「配偶者特別控除」として別に最高38万円まで認められています）。70歳以上の親と同居している場合は58万円、16歳以上23歳以下の子どもを扶養している場合は63万円などの特例措置もあります。

このあたりの説明はめんどうなので簡略化しますが、たとえば一郎さんのように、妻（専業主婦）と子ども2人（16歳未満）の標準家庭の場合、

①基礎控除　38万円
②配偶者控除　38万円
③配偶者特別控除　38万円

④扶養控除　38万円×2人
※〔著者注〕2004年から配偶者特別控除は原則廃止となる。

で、計190万円が生きていくのに最低限必要な経費として控除されることになります。

一郎さんの給与所得は600万円でしたから、そこから日本国が認める生活経費190万円を引いて、課税所得は410万円（600万円－190万円）になります。さらにここから、

⑤厚生年金・厚生年金基金・組合健康保険・介護保険・雇用保険などの社会保障費（後述するように約95万円）
⑥生命保険控除（最高10万円）、損害保険控除（最高1万5000円）

などを引いていくと、最終的に、一郎さんの課税所得は300万円程度になります（410万円－110万円）。

日本国民（日本国居住者）として加入義務のある公的年金や健康保険は税金の一種なの

で、税金に税金をかけるわけにはいかない、というもっともな理由から全額控除されることになります。厚生年金基金は企業年金（私的年金）ですが、なぜか全額所得控除が認められています。これは、全国の厚生年金基金に旧厚生省ＯＢを天下りさせるための陰謀といわれています。生命保険や損害保険になぜ所得控除が認められているかも謎ですが、これも保険業界が政治家や官僚を接待漬けにして勝ち取った権利であると考えられます。

２００４年現在、日本国の所得税率は、課税所得３００万円の場合10％ですから、この年に鈴木さんが支払う所得税額は30万円になります（３００万円×10％）。もし一郎さんが独身なら、扶養控除の計１５２万円が控除されないので、課税所得は４５０万円程度まで増え、所得税率は20％（控除額33万円）になります。いずれにせよ、たいていのサラリーマンの所得税率は、10％か20％に収まるはずです。

「給料の10％を税金としてもっていかれる」と考えるとショックかもしれませんが、鈴木さんの所得税額30万円を年収８００万円と比較すれば実質税率は約４％で、べつに〝酷税〟でもなんでもありません。これに地方税・住民税（東京都の場合は約20万円）を加えたとしても約50万円（実質税率６・25％）ですから、「日本の課税水準は世界的に見ても低い」という財政当局の主張にも一理あります。
ここまでの検討でわかったことは、

①サラリーマンは恵まれている
②日本の税金は安い

という、一般の常識とはまったく逆の事実でした。

給与所得控除は「奴隷の報酬」

サラリーマンがこのような過大な経費を認められていることについては、税の専門家の間でも、さまざまな解釈があります。

ひとつは、「サラリーマンは源泉徴収で100％所得を捕捉《ほそく》されるのだから、ちょっとは割り引いてやらないと、自営業者などと比べて不利になる。自営業者が所得の4割をごまかしているのなら、サラリーマンだって3割くらいまけてやらないと文句が出てうるさい」という、身も蓋《ふた》もない（でも説得力のある）理屈です。なんといっても、手間もコストもかけずに税金を払ってくれるサラリーマンは税務当局にとっていちばんの上客《じょうきゃく》ですから、多少はご機嫌をとってあげないと都合が悪いのです。

ところが、この屁理屈を自営業者の立場から見ると、「サラリーマンは所得を3割もごまかせるのに、自分だけ正直に申告するのはバカバカしい」ということになります。実際、税理士のなかにはこのような理論武装（サラリーマンの給与所得控除程度の経費は無条件に認められてしかるべきだ）で自営業者の〝節税〟を正当化する人もいますから、話はややこしくなります。いわば、「自営業者被害者説」です。

もうひとつは、「サラリーマンは手に職をもっているわけではないから、急に会社が潰《つぶ》れたりリストラされたりしたらかわいそうだ。だったら、その日に備えて貯蓄できるように、ちょっとは多めに経費を認めてやろう」という解釈です。しかしこれは、自営業者から即座に、「電話一本で、『悪いけど、来月からお宅に出す仕事はないよ』といわれるかもしれないオレたちの立場はどうなる！」との反論が出そうです。

そこでもっとも納得のいくのが、「サラリーマンは源泉徴収と年末調整で〝税の奴隷《どれい》〟と化しているから、奴隷の報酬として、ちょっとしたご褒美《ほうび》をもらっている」という説明です。ジャーナリスト斎藤貴男《さいとうたかお》氏の『源泉徴収と年末調整』（中公新書）は、こうした視点から日本社会の矛盾《むじゅん》を暴《あば》いた好著です。

斎藤氏によれば、給与からの源泉徴収を行っている国は日本以外にも多いものの、サラリーマンの経費を給与所得控除で一律に決め、源泉徴収額（税の仮払い）と実際の所得税額との差額を雇用主（企業）による年末調整ですませてしまう制度は、日本独自のものとのことです。サラリーマン税制の最大の問題は、一般にいわれている源泉徴収ではなく、給与所得控除と年末調整にあるというのが斎藤氏の分析です。

税の源泉徴収制度は、太平洋戦争遂行のための戦時税制として考案されたものです（いわゆる「1940年体制」）。その後、戦後の混乱期に遅滞なく徴税を行うための緊急措置として、各企業（雇用主）に徴税実務を代行させる年末調整が導入されて、現在の「サラリーマン税制」が完成しました。

日本企業は税務署から1円ももらえないにもかかわらず、国家の召使い（税務署の出張所）として従業員の税額を計算し、税金を徴収（給料から天引き）したうえで、お上《かみ》に上納しなくてはなりません。大手企業になると、11月半ばから1ヵ月以上も経理部門が年末調整に忙殺され、そのコストは「概算5万人分の人件費、2500億円」との試算もあります（『税金の常識・非常識』平野《ひらの》拓也《たくや》著、ちくま新書）。

一方のサラリーマンは、年末調整にともなう各種控除を受けるために、雇用主である企業の経理部に世帯構成や配偶者の所得まで知られてしまうことになります。これでは、プライバシーもなにもあったものではありません。

本来、配偶者や扶養家族の有無やその年齢、家族構成などの従業員のプライバシーを会社が知る権利はありません。配偶者が外国人だったり、未婚なのに子どもがいたり、他人には知られたくないこともいろいろあるでしょう。とりわけ日本企業の場合、そうした「特殊な」家庭事情がネガティヴに評価され、差別的な扱いを受けることが頻繁に起こります。年末調整があるかぎり、サラリーマンが個人のプライバシーを守ろうとすると、各種控除をあきらめて、独身者として書類を提出するしか方法がないのです。

サラリーマンは、たんなる税の仮払いにすぎない源泉徴収制度ではなく、プライバシーを公然と侵害し、国家や企業が土足で家庭に踏み込んでくる年末調整制度にこそ、怒りの声をあげねばなりません。「税金が安くなる」とほくほくしながら年末調整の書類に記入するのは、奴隷根性そのものなわけです。

個人としての自立は、自分自身のプライバシーを守ることからはじまります。そのためには、少なくとも、サラリーマンが会社を通さずに、自分の所得と経費を自分で申告することが最低限の条件になります。

すばらしきドン・キホーテたち

現在の税制において、サラリーマンは自分のプライバシーすら守れないただの奴隷ですが、斎藤氏の『源泉徴収と年末調整』では、こうした不合理な制度にドン・キホーテのごとく戦いを挑《いど》んだ2人の人物が紹介されています。

一人は、銀座の老舗《しにせ》レストランを経営していたI社長（故人）で、1950年秋から51年10月までの12回にわたり、合計464万3000円余の所得税を従業員から源泉徴収しなかったとして、所得税法違反で起訴されました。このI社長は、千葉県の田舎《いなか》の金物屋の丁稚《でっち》奉公《ぼうこう》から身を起こし、後に「銀座百店会」を結成して長年理事長を務めた立志伝中の人物で、「源泉徴収は憲法違反である」との信念から、国家に反旗《はんき》を翻《ひるがえ》したのです。

I社長の主張は、明解でした。

①憲法では、納税義務は国民一人ひとりが負うと規定されているのに、現在の税制は企業に納税義務を負わせている。これは明らかに憲法の規定に反している。

②そのうえ税務署は、企業を徴税実務の出張所代わりに使いながら、一銭の報酬も支払おうとしない。これではまるで奴隷扱いで、憲法第18条の「何人も、いかなる奴隷的拘束も受けない」という規定に反している。

ようするにＩ社長は、「日本国ではサラリーマンも奴隷だし、国家に無償奉仕を強要されている企業も奴隷だ」と訴えたわけです。

しかし、それに対して最高裁は、

「たしかに納税義務は国民が負うわけだけど、サラリーマンだって源泉徴収でラクチンな思いをしてるんだから、会社に徴税を代行させたってべつに構わないんじゃないの。それでだれも文句いわないし、ものごとが丸く収まってるんだから、理屈っぽいことというのは勘弁してよ（大意）」

として、Ｉ社長の上告を棄却してしまいます。しかし、「税務署はなぜ一銭の報酬も支払わないのか」という訴えには苦慮したようで、結局、

「会社は月末25日に集めた税金を、翌月10日目までに国に納めればいいということになっているんだから、その15日の間、運転資金に回そうが投資に充《あ》てようが好きに使えるでしょ。

それを国から受け取る報酬だと思いなさい（大意）」

という無茶苦茶な理屈で切り抜けることになりました。

ところで、税の実務家の間では、「日本の企業はタダで税務署の手伝いをする代わりに、法人税をまけてもらっている」というのが常識になっています。さすがに最高裁はそのことを認めませんでしたが、日本の税務署と企業というのは、「ちょっとくらいの脱税なら目をつぶってやるから、その代わりオレの仕事をタダでやってよ」という関係だったのです。

サラリーマンに税を申告する自由はないのか？

もう一人の偉大なるドン・キホーテは、同志社大学商学部教授の大島正《おおしまただし》氏（故人）で、1966年8月、京都市左京税務署長を相手取り、「前年度に38万7000円の必要経費がかかったにもかかわらず、13万5000円の給与所得控除しか認められないのは違法である」として、たった一人で裁判を起こします。大島教授は、仮に全面勝訴したとしても25万円程度が還付されるにすぎないこの訴訟に1000万円近い私財を投じ、一、二審敗訴の後に亡くなりました。訴訟はその後、遺族に引き継がれ、提訴から18年7ヵ月後の1985年3月、最高裁で上告を棄却されます。

大島教授の訴訟は、当初は「サラリーマンにも必要経費を認めるべきだ」というものでしたが、長い裁判のなかで、「経費を実額で算定せず、給与所得控除として、国が一方的に決めるのはおかしいじゃないか」という、より本質的な問いへと深化していきました。たんなる「税金をまけろ」という訴えではなく、「サラリーマンにも、自分の所得を正しく申告する権利がある」という、じつに真っ当な主張です。

ところが斎藤氏も指摘しているように、この大島訴訟の本当の意味を、日本のマスメディアはほとんど理解できませんでした。しかしさすがに最高裁は、大島氏の訴えの重要性を把握していたようです。その結果、

「たしかにあなたがいうことはもっともな部分もある。サラリーマンにだって、自分の所得を自分で申告する権利がないとはいえない。しかしそうはいっても、現実は、大半のサラリーマンが実額以上の経費を認められておいしい思いをしてるんだから、それでいいじゃないか（大意）」

との苦しい屁理屈を展開するしかなかったのです。

「サラリーマン税制」をこのように理解すれば、いま求められているのは、第三のドン・キホーテの登場だと思われます。

①サラリーマンにも所得を申告する権利を認めろ（少なくとも、年末調整か自己申告かの選択を認めるべきだ）。
②「年末調整」の名を借りて、雇用主が従業員のプライベートな情報を収集できる制度はおかしい。
③税務署は企業を徴税機関として勝手に使うな。

の3点を前面に押し出して訴訟を起こせば、サラリーマンからも経営者からも大きな支持が集まるのではないでしょうか？

私たちは根性がないので、とても自分では長期の裁判闘争などできませんが、もしどなたかが第三のドン・キホーテになられるのなら、裁判資金のカンパも含め、支援を惜《お》しまないことをお約束いたします。

2．サラリーマンは年金と健康保険で略奪される

「略奪」としての社会保障費

日本は消費税率が5％と低く、所得税率や地方税率もたいして高くないうえに、景気刺激策でわけのわからない控除や税額軽減措置を積み上げたために、実質税率はこれ以上減税しても意味がないくらいまで下がっています。橋本《はしもと》政権下で行われた相次ぐ減税で、課税最低限度が一時は491万円まで上がってしまい、ちゃんと給料をもらっているのに所得税を1円も払わなくてもいい世帯が、全サラリーマン家庭の3分の1に達するという異常な事態も起きました。このまま減税をつづけていけば、いずれ日本もタックスヘイヴン（租税回避地）の仲間入りをすることになるでしょう。

しかし、このように「サラリーマンは恵まれている」と縷々《るる》説明しても、納得できない人も多いと思います。「そんなことといったって、給料から引かれる額はけっこう多いぞ」とい

うわけです。たしかにそうでしょう。しかしその原因は、所得税や地方税（住民税）ではなく、「第二の税金」ともいえる社会保障費（年金・健康保険）にあります。

たとえば、先に登場した鈴木一郎さんの場合、年収800万円に対する厚生年金の保険料は13・58％ですから、年間の支払総額はなんと108万6400円（！）にもなります。それに対して自営業者などが加入する国民年金の掛金は一人月額1万3300円（年額15万9600円）、夫婦で月額2万6600円（年額31万9200円）ですから、一郎さんの支払額は3倍以上。これだけで頭がクラクラしてきます。もちろん厚生年金の支給額は国民年金より多くなりますが、3倍もらえるわけではありません（厚労省の標準モデルでは世帯当たり月額10万円程度の年金が上乗せされるだけで、これではまったく割に合いません）。

※〈著者注〉2004年6月に成立した年金改革関連法によれば、厚生年金の保険料率は同年10月から徐々に引き上げられ、2017年には18・30％に達する。一方、国民年金の保険料が引き上げられるのは2005年4月からで、こちらは2017年に月額1万6900円になる。厚生年金の給付水準（現役世代の年収に対するモデル世帯の年金収入）も現在の59・3％から50％程度まで低下すると予想されるので、厚生年金と国民年金の格差はさらに拡大するだろう。

同様に、鈴木さんが加入する医療関係の保険料を法定上限保険料率の９・31％（健康保険8・2％＋介護保険１・11％）とすると、年間支払総額は74万４８００円。これに加えて、年間約8万円の雇用保険料も納めなければなりません。これらを厚生年金の１０８万円余と合わせると、平均的なサラリーマンである一郎さんが支払う社会保障費の合計額はなんと１９０万円（!!）を超えてしまいます（健康保険・介護保険・雇用保険料は標準報酬月額によって算定されるため、ここで述べた試算とは多少の誤差が生じます）。

こうした社会保障費は労使折半《せっぱん》ですから、直接、給与から引かれるのは95万円。所得税＋住民税の50万円と合わせて、約１４５万円がお上に召し上げられ、８００万円の年収は手取り６５５万円程度になってしまいます。年収に占める税・社会保障費のコストは実質18％にハネ上がります。

しかし、この計算も正確ではありません。会社側が支払った社会保障費もその原資は人件費ですから、年収８００万円というのは仮の数字で、実際の年収は８９５万円（８００万円＋会社側が支払った社会保障費95万円）で、そこから税（50万円）＋社会保障費（１９０万円）の計２４０万円が徴収されていることになります。実質年収８９５万円の鈴木さんが支払う税・社会保障費（240万円）のコストはじつに27％。ようするに、**平均的なサラリーマンの場合、一生懸命稼《かせ》いだお金の4分の1以上を国に召し上げられているわけ**です。そのうえ、公的年金制度や医療保険制度の破綻《はたん》で、保険料率は今後も上がりつづけることが確定的です。これを〝**略奪**〟といわずして、なんと表現すればいいのでしょう！

もちろん、厚生年金は、いずれ退職後（65歳以上）に年金として還元されるわけですし、組合健保や雇用保険は本人や家族が病気になったり、失業したときのための保険ですから、税金といっしょにするわけにはいかないとの意見もあるでしょう。しかし、国家の基本的な機能は、国民から徴収した税金を国民に再分配することですから、それが年金や医療費、失業保険のかたちで本人に還元されるとしても、税金と区別する必要はありません。要は、行政上の管轄が財務省（国税庁）か厚生労働省（社会保険庁／雇用・能力開発機構）か、という違いにすぎないわけです。実際、国民健康保険の場合、徴収を担当する市区町村では、「保険料」よりも「保険税」と称しているところのほうが多いくらいです。

サラリーマン家庭は現在、税金ではなく、重すぎる社会保障費に喘《あえ》いでいます。それは、年収800万円、妻と子ども2人の鈴木一郎さんに、厚生年金や組合健保を脱退する自由があって、国民年金と国民健康保険に加入できたらどうなるかを考えてみれば、すぐにわかります。

もし鈴木さんが厚生年金を脱退して国民年金に移ると、毎年の支払額は夫婦で31万9200円（月1万3300円×2人×12ヵ月）となり、厚生年金の支払額108万6400円との差額77万円弱を貯蓄に回すことができます。これを年利3％で40年間積み立てれば、約5500万円になります。それに対して、厚生年金の受取額が国民年金に比べて月額10万円（年120万円）程度多かったとしても、65歳からの平均余命を20年とすれば、その超過部分は2400万円相当にしかなりません。このように、それなりの収入のあるサラリーマンであれば、厚生年金を脱退して国民年金に移行し、余ったお金を自分で運用したほうがずっと有利です（ただし、サラリーマンの支払う保険料で日本の社会保険制度は支えられているので、現実にサラリーマンが厚生年金から脱退してしまうと、制度そのものが破綻してしまうでしょう）。

不思議な国民健康保険

健康保険に関しても、同様のことがいえます。

国民健康保険は市区町村単位で運営されているため、これまで客観的な資料を入手することが困難でしたが、千葉市役所で12年間にわたって国民健康保険料徴収員として勤務した松《まつ》谷宏《やひろし》氏の『正直者が馬鹿を見る国民健康保険』（宝島社新書）によって、はじめてその驚くべき実態が明らかになりました。

松谷氏によれば、国民健康保険料は、それぞれの市区町村の財政事情によって勝手に決められているため、全加入者に「医療費3割負担」という同じサービスが提供されているにもかかわらず、裕福な自治体は保険料が安く、貧乏な自治体ほど保険料が高いという不可解なことになっています。たとえば、課税所得400万円（資産割額6万円、市民税額6万円）で一人暮らし（扶養家族なし）の場合の年間保険料は、全国最低の武蔵野市（東京都）で12万4200円、東京23区で13万8300円なのに対し、全国最高の札幌市では、なんと17万7200円（！）にもなります（ただし、保険料の限度額は52万円のため、それ以上支払う必要はありません）。国民健保に加入する人は、どこに住民票を登録して保険証をもらうのがトクか、じっくり検討しなければなりません。

ところで、仮に鈴木さんが東京都に住んでおり、組合健保を脱退することができたとすると、被保険者一人あたりの健康保険の均等割が3万2200円、45歳以上の被保険者が支払う介護保険の均等割が1万800円、所得割分が約2万円（課税所得がない場合）ですから、本人に妻と子ども2人の計4人で、国民健康保険料の最低支払額は16万円程度になります（課税所得が発生した場合、住民税額の2・45倍の所得割が発生します）。組合健保の保険料が約75万円でしたから、ここでも1年間に60万円あまりの差額が生じます。

※〔著者注〕鈴木さんの課税所得を300万円とすると住民税額は約20万円で、健康保険料の所得割約50万円が発生する。その場合、健康保険料はサラリーマンでも自営業者でもほとんど変わらない。とはいえ現実には、実質年収800万円程度の自営業者（法人成りを含む）は、経費計上等の節税措置によって課税所得ゼロのケースが大半だろう。

一般に、サラリーマンの生涯収入は2億円から3億円といわれています。仮に3億円とした場合、概算でその2割、6000万円もの税・社会保障費を支払っていることになります。それに対して自営業者の実質的な税・保険料率は5〜10％程度でしょうから、強制的に厚生年金や組合健保に加入させられている鈴木一郎さんは、国民年金や国民健保の加入者に比べて、生涯で3000万〜4000万円（！）も多く国家に所得を奪われることになります（当然、この額は年収によって大きく異なります）。ここに、サラリーマンの〝**酷税感**〟のいちばんの原因があるのです。

国民健康保険料を払わない人々

国民年金の加入義務者のうち、まともに支払っている人は全体の6割しかいません。「40歳以下は、支払った掛金よりも受け取る年金のほうが少なくなって大損するだけ」という試算は、厚生年金に関しては事実ですから、払いたくなくなる気持ちもわかります。

ただ、国民年金は厚生年金とは仕組みが異なり、現在の制度でも実質運用利回りは年率1・8%程度のプラスになっています。年金の原資には積立金だけでなく税金も投入され、その割合は今後、ますます大きくなっていくでしょうから、「どうせ税金を払っている以上、年金を受け取って税金を還付してもらったほうが得だ」と考えることもできます。国民年金を払わずに自分で積み立てるのと、掛金を払って年金（＋税金）を受け取るのとどちらが最終的に得なのかは今後の制度次第ですが、少なくとも、巷間《こうかん》いわれている「国民年金なんか払わないほうがいい」説は、あまり根拠のある話ではありません。

ついでに珍しく道徳的なことをいうならば、賦課《ふか》方式の年金制度は世代間の助け合いなので、だれかが国民年金の掛金を払わないということは、その分を別の人（とくにサラリーマン！）に補塡《ほてん》させているということになり、どんな屁理屈を並べ立てようとも正当化できることではありません。国会議員の国民年金未納付が厳しく批判されるのは、この意味で当然です。

ところで世の中には、国民年金ばかりか、国民健康保険の保険料すら支払っていない人がいっぱいいます。元国民健康保険料徴収員・松谷氏の調査によれば、保険料納付率が全国最低なのは東京都港区で84・45％。国民健康保険加入者のうち、6〜7人に一人は保険料を払っていないという驚くべき事態です。しかし、港区のような裕福な地域で、なぜこんなに保険料を納めない人が多いのでしょうか？　彼ら保険料未納者は、あまりにお金がありすぎて、どんな病気にかかっても自費診療で構わない、と考えているのでしょうか？

しかし、ことはそう単純ではありません。松谷氏が描いた実態を要約すれば、「国民健康保険の保険証というのは保険料を払わなくても簡単に交付されるので、そういうノウハウをどこかで身につけた人は、バカバカしくて保険料なんか払うわけはない」ということになります。地方の場合、それでも隣近所の目があるので、確信犯的に保険料を払わないというのはかなりの勇気がいりますが、都市の場合はそんな気遣いは無用で、隣の人が保険料を払っていようがいまいがどうでもいいと思っている人ばかりなので、未納者が増えるというのが松谷氏の分析です。

ここでは保険料を支払わずに保険証を手に入れる手口を詳しく解説する余裕はありませんが、たとえば、松谷氏が勤務した千葉市では、年間保険料の4割を払っていれば無条件で翌年の保険証が発行されますし、滞納額が増えて支払い請求がうるさくなれば、「生活が苦しい（!）」とか「子どもの教育に金がかかる（!!）」とか、「ほかに買いたいものがある（!!!）」とか、適当な理由をつけて申し出れば、簡単に分納が認められます。そうすると、滞納額26万円、毎月の保険料3万5000円の人が、月額保険料5000円にまけてもらえたりするのです。当然、こんな調子では滞納額が増えていくだけですが、毎月この5000円をちゃんと支払っていれば、なんのお咎《とが》めもなく保険証が受け取れます。

さらに、滞納額があまりにも増えて保険料徴収員がわずらわしくなったら、別の市区町村に転居してしまうという方法もあります。保険料の徴収は市区町村単位で行われ、支払い履歴のデータベースは共有化されていないので、違う自治体に転入してしまえば、真っ白な状態で新しい保険証がもらえます。そのうえ、どんなに大きな滞納額があっても、その記録は転出とともに抹消されてしまいますから、未払いの保険料を督促《とくそく》されることもありません。

同様に、国民健保と組合健保（大企業の従業員が加入）や政管健保（中小企業の従業員が加入）との間でもデータベースは共有化されていないので、国民健保の未払いが嵩《かさ》んで保険証がもらえるかどうかわからなくなった場合は、知り合いの会社に頼んで、政管健保にちょっとだけ加入させてもらうという裏ワザもあります。

これで、政管健保から真っ白な保険証が交付されますし、国民健保から脱退するわけですから、以前の履歴も抹消されます。そして、ほとぼりの冷めたころに会社を退職して、また国民健保に加入すればいいのです。まさに、なんでもありの無法地帯です（詳しくは松谷氏の著書をお読みください）。

なぜ、国民年金や国民健康保険でこんなデタラメがまかり通るのかというと、いうまでもなく、サラリーマンは源泉徴収で税・社会保障費を給料から天引きされるのに対し、自営業者や個人事業主は所得を自己申告するうえに、**払う払わないは本人の自由**だからです。もちろん、税金を払わないと税務署が問答無用で不動産などの資産を差し押さえ、競売にかけてしまいますから、税金をごまかす人はいっぱいいても、いっさい払わないという根性のある人はあまりいません。

しかし年金や健康保険になると、どれだけ滞納しようとも、差し押さえの心配はありません。「督促状」や「催告書《さいこく》」が送られてきたり、徴収員がうるさく家を訪ねてきたりするだけで、ぜんぜん怖くないのです。法律上は、保険料滞納者に対して財産の差し押さえができることになっていますが、少なくとも松谷氏が12年間、千葉市役所に勤務した間、どんなに悪質なケースでも差し押さえが行われたことはいちどもなかったといいます。その理由はというと、「めんどうくさいし前例がない（!）」というものでした。

サラリーマンと自営業者や農家の所得捕捉率の格差を比較した「クロヨン」という言葉もありますが、いまではサラリーマンもたいして税金を払っていないので、あまり意味はありません。しかし今後、年金財政や健保財政の破綻にともなって社会保障費が家計を大きく圧迫するのは間違いないので、いずれは税金よりも年金や保険料の不平等が大きな社会問題になってくるでしょう。

※〔著者注〕国民年金の未納が社会問題となったため、社会保険庁はようやく重い腰を上げ、一部の悪質滞納者に対する資産の差し押さえをはじめた。国民健康保険料未納者に対する対応は各自治体によって異なるが、及び腰のところがほとんどだ。

日本でいちばん恵まれている人たち

世の中にはいろいろな抜け道があるものですが、サラリーマンであっても、合法的に割高な厚生年金や組合健保に入らなくてもいい人たちが存在します。それが、社員数人の吹けば飛ぶような極小企業に働くサラリーマンです（当然、法人成りして妻や子どもを〝雇用〟した八百屋や魚屋なども含まれます）。こうした会社も、本来であれば厚生年金や政管健保に加入しなくてはならないのですが、そんなことは非現実的ですし、社会保険庁も〝ゴミ会社〟のことまで構っていられません。その結果、経営者・従業員は国民年金や国民健康保険に加入することになりますが、それでなんの問題もありません。

※〔著者注〕現行法によれば、法人はたとえ一人でも社員を雇ったときは社会保険に加入しなければならない。個人事業主も、社員数5人以上なら厚生年金保険、健康保険への加入義務が発生する（労災および雇用保険は社員数一人以上）が、実態は大きく異なる。

最近では、社会保険に加入せず、国民年金や国民健康保険を利用したほうが、会社も社員も得だということが広く知られるようになったため、社員数100人規模の中小企業でも社会保険に加入していないところがある。労災や雇用保険は保険料も安く、メリットも大きいので、こちらだけ加入している会社も多い。以前は社会保険（旧厚生省）と雇用保険（旧労働省）は管轄が異なっていたため、一方だけ加入していてもその事実を把握することが困難だったからだ（両者が統合して厚生労働省になってからも事情はさほど変わらない）。

一方の社会保険庁としても、創業したばかりの中小零細企業は財務基盤が脆弱《ぜいじゃく》で、保険料を支払えなくなる可能性が高いので、できれば社会保険に加入させたくない。保険料未納が発生すれば徴収に行かなくてはならないし、それ以前に、未納率が高くなれば自分の成績に響く。

以前は、社会保険料の徴収は血も涙もないことで有名で、保険料未納企業に対して杓子《しゃくし》定規《じょうぎ》に資産の差し押さえを行っていたが、長引く不況下で、保険料の取り立てが原因で経営破綻する中小企業が続出、それが一部マスコミで〝倒産の元凶〟と批判されたため、現場レベルでは、未納企業はそれとなく社会保険から脱退させるよう方針転換された。社会保険は社員（労働者）の福祉を充実させるための制度だが、肝心の会社を潰《つぶ》してしまったのでは元も子もないからだ。独立開業で社会保険の相談に行ったら、「儲かったら来てください」と門前払いされた経営者は多い。

その結果、法的には社会保険加入義務がありながら、未加入の法人・個人事業主の数が激増し、最近ではこちらのほうが社会問題になりつつある。制度が破綻している以上、だれもが納得する運用は不可能なのだ。

一般に、税金面においてこの日本でもっとも恵まれているのは自営業者や個人事業主だと思われているようですが、じつは、税・社会保障費のコストをトータルで考えれば、こうした〝ゴミ会社〟で働くサラリーマン（給与所得者）のほうがずっと有利です。彼らは、給与所得控除の優遇税制を享受しながら、割安な国民年金や国民健保に加入し、余裕資金を資産として運用することが可能だからです。だからこそ、ちょっと金回りがよくなると、個人事業主は法人成りして家族を〝雇用〟するのです。

こうした仕組みをちゃんと理解すると、自分一人で会社をつくって、自分で自分に給料を払うスキームで、合法的に税・社会保障費のコストを極小化することが可能になります。これはようするに、**法人と個人の税制の違いを利用した一種のアービトラージ（＝裁定取引）**で、無リスクで儲けられる、なかなか高度な戦略です。興味のある方は、実践してみてはいかがでしょうか？　ただしあくまでも、現在の年収を維持できることが前提になります。独立して貧乏になってしまったのでは、いくら節税できてもなんの意味もありません。

サラリーマン法人化計画

先に、「〝ゴミ会社〟のサラリーマンなら厚生年金や組合健保のくびきから逃れられる」という話をしましたが、では、一般の企業に勤めるサラリーマンは、こうした理不尽な事態にいつまでも耐えつづけなくてはならないのでしょうか。

絶望するのはまだ早いようです。所得税廃止論を唱える異端の公認会計士・安部忠氏《あべただし》から、「**サラリーマン法人化計画**」という魅力的なプランが提案されているからです（『税金ウソのような本当の話』講談社）。

サラリーマンは個々に企業と雇用契約を結んでいますが、安部氏の「サラリーマン法人化計画」では、労働条件を維持したままサラリーマンが自ら法人化することで、企業は「株式会社鈴木」や「有限会社佐藤」などのサラリーマン法人と業務委託契約を結ぶことになります。鈴木さんや佐藤さんなどの個人は、本人が社長を務めるこのサラリーマン法人から役員報酬を受け取るわけです。

雇用形態を個人から法人に変更しても、企業にとっては、社員に支払う給与も、サラリーマン法人に支払う業務委託費もともに経費として全額計上できますから、財務上の問題は発生しません。そのうえわけのわからない福利厚生費は不要になりますし、これまで全額課税されていた接待交際費も、業務委託先からの請求ならすべて経費として処理できます。

一方、サラリーマン法人の立場は、これまでのサラリーマンとは大きく異なります。

まず、これまでは「個人対会社」という雇用関係にあったものが、「会社対会社」という法人同士の対等な契約関係に変わります。年功序列や終身雇用制度で保護されることもない代わりに、従来の雇用契約にしばられない青天井《あおてんじょう》の報酬も可能になるでしょう。そうすればサラリーマンの世界でも、プロ野球選手やサッカー選手のような、実績に応じた年俸制が主流になるかもしれません。もちろん、これまでの雇用関係を延長し、報酬の上限が抑えられる代わりに、10年や20年の長期契約を結ぶことも可能でしょう。

所得税に極端な累進税率を採用してきた日本では、年収1300万円程度を超えると給料が増えても納税額で帳消しになってバカバカしいだけなので、企業の経営幹部は豪邸を社宅にしたり、美人秘書を雇ったり、運転手つきの専用車をつけたり、接待交際費でホステスと遊んだり、どうだっていいようなことに大金を投じてきました。こうした〝闇給与〟に、福利厚生費や半額負担の社会保障費などを加えると、サラリーマン一人あたりにかかる実質人件費は平均年収の1・5倍というのが相場になっています。年収800万円の鈴木一郎さんに会社側が支払う費用は、本当は1200万円（800万円×1・5）なのです。

個人との雇用契約を、法人との業務委託契約に変更すれば、こうした雇用にともなうシャドーコストは不要になりますから、まったく同じ仕事内容で「株式会社鈴木」と年間120

0万円で契約しても企業の負担は変わりません。そこまで欲張らなくても、法人化にともなう節税効果を考慮し、800万円だった報酬を200万円アップして年間1000万円の業務委託契約を結んでもらえば、鈴木家の生活水準は飛躍的に上昇するでしょう。サラリーマン法人化は、個人の手取りを増やし、なおかつ会社は人件費を削減できるすばらしいアイデアなのです。

全国5000万人のサラリーマンが法人になる日

法人化にともなうサラリーマンの最大の変化は、決算期に法人として税務申告する必要が生じることです（個人の収入は自分の会社からの給料なので、年収2000万円以下ならばこれまでどおり年末調整で処理できます）。

節税のポイントは、法人でどこまで経費を計上できるかにかかってきます。法人税の額が手取り収入に直結するのですから、だれもが背広やカバンから取引先の接待、語学研修・留学費用まで、サラリーマン法人として仕事を遂行するためにかかった経費をできるだけ多く認めてもらうよう、必死になって税務署と交渉するようになるでしょう。これは、これまで自分の税額など知りもしなかったサラリーマンにとって革命的な事態です。

サラリーマン法人では自宅が事務所代わりになりますから、家賃の一部は事務所経費として控除できます。車もリース契約してしまえば経費で処理できるでしょう。通信費や資料費、パソコンなどの購入費は当然、経費にすべきですし、得意先との飲食やゴルフも接待交際費として一定額を控除できるでしょう。生命保険や医療保険も、法人で加入すれば経費になります（養老保険や終身保険など資産性の高い保険商品は損金計上できません）。

法人化の暁《あかつき》には、当然、奥さんや子どもを社員として雇用し、給与を支払うようにすべきです。その金額を年間103万円以内（基礎控除38万円＋給与所得控除の最低額65万円）にしておけば所得税はかかりませんし、住民税も均等割だけですんでしまいます。ようするに、**自営業者が当たり前のように行っている節税策を、サラリーマンも利用できるようになる**わけです。

このように、生活コストの一部を法人の経費に移転させたうえで、本人が受け取る役員報酬を課税最低限あたりまで減額してしまえば、所得税や住民税・国民健康保険料もぐっと安くなります。余裕があれば、夫婦で年間163万円まで無税で積み立てられる国民年金基金（個人事業主向けの年金制度）や、年間84万円の掛金が所得から控除できる小規模企業共済（個人事業主向けの退職金制度）を利用してもいいでしょう。

サラリーマンである鈴木一郎さんは、先に見たように、実質年収895万円に対し、税・社会保障費コストが240万円で、年間の手取り収入は655万円でした。しかし、この「サラリーマン法人」を上手に利用し、法人税と所得税をゼロにすることができれば、鈴木家の税・社会保障費コストの総額は60万円程度ですんでしまいます（東京都の場合、法人住民税7万円、個人住民税均等割8000円、年金31万9200円、国民健康保険約20万円）。これだけコスト削減効果があれば、めんどうな帳簿作成や決算申告をしても十分割に合うはずです。

※（著者注）税務会計ソフトの登場で、簿記の知識がなくてもだれでも簡単に帳簿がつけられるようになった。決算申告書も作成可能だから、小規模法人なら税理士は必要ない。決算のみ税理士（会計士）に依頼すれば、費用は10万円程度。

このように、すべてのサラリーマンが法人化すれば、日本社会におけるサラリーマンと自営業者との間の不公平感は一気に解消するでしょうし、一人ひとりのサラリーマンにも納税者意識が徹底されますから、民主主義にとっても健全な効果が期待できます。企業経営上どのような影響があるかはわかりませんが、従来の日本的雇用関係を大きく変化させ、流動性のある労働市場の育成につながることは間違いないでしょう。

考えられる唯一の問題は、全国に５０００万社ものサラリーマン法人ができると、税務署や社会保険事務所が機能しなくなることくらいですが、そもそも赤の他人が稼いだお金を横から掠《かす》め取ろうというからには、それなりの手間とコストがかかるのは当たり前です。サラリーマンに対してだけ、これまでなんの苦労もせずに源泉徴収と年末調整ですませてきたこと自体が間違いだったのです。

それでもなおかつ税の徴収ができないというのであれば、思い切って所得税や住民税、年金、健康保険料の徴収をやめて、行政組織をスリム化したうえで、消費税や人頭《じんとう》税で運営できる国家にすればいいでしょう。そうなれば、「公的なサービスは最小限でいいから税金はできるだけ安くしてくれ」という、非常に真っ当な社会が誕生します。

3．国家による社会保障はいらない。所得税は人権侵害だ

国民年金や健康保険は廃止しよう

ここまで好き放題なことを書いたので、ついでにもう少し議論を展開させてみましょう。

まず、日本のような成熟した国家において、自分の人生を国家が運営する年金や健康保険に頼ること自体、マトモな大人のすることではありません。日本国民は１４００兆円もの個人金融資産をもち、国外・国内を問わず世界中の金融機関（保険会社）を自由に利用できる立場にあるわけですから、国営の年金や健康保険はいますぐ廃止し、積立金をすべて加入者に返金したうえで、後は各自の自己責任で運用するというのが真っ当な生き方ではないでしょうか。

しかしなぜかこの国では、マスコミも政治家も経済学者も評論家も、国営年金や国営保険制度をいかに維持するか侃々諤々《かんかんがくがく》議論するばかりで、「国にたかるのはもうやめようよ」と

いう人は一人もいません。いったい、自分の人生を全面的に他者（国や会社）に依存《いぞん》して、どうやって人間として自立できるというのでしょう？

誤解のないようにいっておきますが、このように書いたとしても、「年金や保険料を払わなくてもいい」と唆《そそのか》すわけではありません。現行の制度がつづいているかぎりは、国民の義務として必要最小限のコストは負担すべきでしょう（お国のためにもっと払いたいという人はご自由に）。

ただし、個人の政治的立場としては、郵便貯金や郵便局の民営化などというわかりきったことはもちろん、**年金制度や健康保険制度、介護保険制度の廃止**を求めていくべきだろうと思います。その結果、生活に困窮《こんきゅう》する人が生じるのなら、ボランティアなどの社会的セーフティネットでケアすればいいのです。

※〈著者注〉日本の生活保護制度は、「社会的弱者」を名乗る人々がもっと貧しい人たち（ホームレスや精神障害者）を搾取《さくしゅ》する仕組みなので、現在の制度は抜本的に見直すべきである。

だいたい、日本のような世界でもっとも豊かな国で、国家の援助がなければ生きていけない人がそんなにいっぱいいるはずがありません。ただ、日本人はこれまでお上（国家）に依存することに慣れすぎていたために、ほとんどの人が、自分たちの真の実力に気づいていないだけなのです。

バブル崩壊後、「日本人は個人として自立していない」とさんざん叩《たた》かれつづけてきましたが、欧米かぶれの知識人がいくら説教したとしても、そんなものになんの効果もありません。年金制度と健康保険制度を廃止すれば、くだらない説教などいっさいしなくても、数年のうちに、日本人は世界でもっとも自立した国民になることができるでしょう。しかし残念なことに、こうした〝正論〟を主張する政治家はいまのところ一人もいません。

※〈著者注〉出生率の低下が社会問題になっているが、これも年金制度を廃止すれば解決する。発展途上国で出生率が高いのは、子どもが老後の生活保障と考えられているためだ。社会保障の充実したヨーロッパ諸国を見ても明らかなように、国家が老後のめんどうをみてくれると期待できるなら、必然的に出生率は低下する。保育園をつくったり現金を給付しても、焼け石に水だ。

所得税は憲法違反である

税金についても、同様の議論をすることが可能です。

日本国憲法は、日本国民の法の下での平等を定めています。所得の多寡《たか》にかかわらず、国家が提供する行政サービスは均一ですから、「担税力」を根拠に金持ちからできるだけたくさん税金を取ろうという所得税の累進課税は明らかに憲法の規定に違反しています。こうした事情はアメリカでも同じで、共和党を中心に、「所得税の累進課税を廃止して全国民に一律の所得税を課すフラット税率にすべきだ」との主張が支持者を増やしています。

しかし、仮に所得税のフラット税率が実現したとしても、やはり問題は残ります。税率10%の場合、課税所得1００万円の人が支払う税金は10万円、課税所得1億円なら税額は１０００万円です。しかし、１０００万円の税金を払った人が、10万円しか払わなかった人に比べて１００倍の行政サービスを受けているかというと、そんなことはありません。いくら税金を払おうとも、行政から得られるサービスに違いはないからです。となると、フラット税率もまた憲法違反になってしまいます。

こうして、さらに過激な経済学者などから、「所得税はやめて、20歳以上65歳以下の全国民から一人いくらで税金を徴収する人頭税にすべきだ」との議論が出てきます。日本国の国と地方を合わせた行政経費は約160兆円ですから、20歳以上65歳未満の労働可能人口約8000万人で割れば一人あたりの人頭税は年間約200万円。みんながこれだけの税金を支払えば、法人税、消費税、相続・贈与税、利子・配当課税、譲渡課税、酒税、自動車税から社会保険料まですべて不要になるのです。

※〔著者注〕この計算では、妻と子ども2人の鈴木さん一家が支払う人頭税は年間400万円。負担額は現在（税・社会保障費で約240万円）の倍近くなる。このことからもわかるように、ほとんどの日本人は納税額よりはるかに多くの行政サービスを受け取っている（ことになる）。その実感がないのは、納税額のかなりの部分が、公務員の給与など、国家・自治体の運営費に消えていくためだ。

じつは、このように突きつめていくと、現在の税制は矛盾だらけだということに気がつきます。

たとえば、税制の基本原則に「二重課税の禁止」というのがあります。ある人が100万円の所得を得て、それに対して所定の税金（たとえば10万円）を納めたのなら、税引き後利益である残りの90万円にふたたび課税してはならない、という原則で、刑法における「二重処罰の禁止」と同様に、税制の根幹をなしています。

ところが実態を見ると、禁止のはずの二重課税があちこちで横行《おうこう》しています。サラリーマンの所得はすべて税引き後利益ですが、その資金を運用すると利子・配当や譲渡所得に課税されます。子どもに資産を贈与したり、相続財産を残すと贈与税や相続税を取られます。自分のお金を風俗やギャンブルで散財すればなんのお咎《とが》めもありませんが、子どものために使おうとすると国家によって罰せられるのです。この矛盾を道徳的に説明するのは困難なので、アメリカでは「**相続税廃止**」が議題に上っています。

消費税にしても同様で、企業が税引き前利益でモノを買っても、個人が税引き後利益でモノを買っても、同じ5%の消費税が課せられるのは、どう考えても理屈に合いません。ということは、所得税か消費税のいずれかを廃止しなくてはなりません。

一般に税金は、①所得税、②消費税、③資産税に分けられるとされています。しかしこの3つは並列的に共存するわけではなく、所得税を支払った後でも人は消費しなければ生きていけませんし、将来のために貯蓄したり、家を買ったりすれば、今度は資産税がかかってきます。このように、「二重課税原則禁止」などといいながらも、現在の税制は二重課税するほかないような仕組みになっているわけです。

法人税を徴収してはならない

さらに話を複雑にするのは、個人と法人に関する税制上の問題です。だれでも知っているように、企業の純利益というのは、税引き前利益（売り上げ－経費）から法人税を支払った残りの税引き後利益です。ところが、企業がこの純利益を株主に配当すると、株主側に配当課税が発生します。一方、配当せずに資本の準備金・積立金にすれば課税されませんから、これは無茶苦茶な話です（一定額以上の留保金は課税対象）。こうした「配当の二重課税問題」は税務当局も認識していて、そのため配当控除などの軽減措置があるわけですが、それ以前に、配当に課税すること自体が間違っているのです。

さらには、「そもそも法人税とはなんなのか」という難問もあります（本書では「法人論」を展開するつもりはないので、「共通の目的をもつ個人の集合体を、法律上、個人と同様に人格があると見なしたもの」という程度の前提で話をします）。

たとえば、どんなにお金を儲けたとしても、法人（企業）はそのお金を消費することができません。法人がキャバクラで若い女の子と遊んだり、料亭に芸者を呼んだりするわけではないからです。それが仮に会社の経費で行われていたとしても、その経費は法人の構成員(社長や接待担当の営業部員)に支払われ、キャバクラや料亭でそのお金を消費するのはあくまでも彼ら一人ひとりなわけです。そう考えると、「会社が儲けたお金は、最終的には、すべてなんらかのかたちで個人に支払われるのだから、法人の所得に課税する必要はないじゃないか」との議論が出てきます。

アメリカでは、出資者(の一部)が無限責任を負うパートナーシップ(日本でいう合資・合名会社)は法人であっても課税対象とはされず、その利益が出資者個人に支払われた時点で、所得税として課税されます。その一方で、出資者が有限責任の株式会社では、日本と同様に、法人税と配当課税の二重課税が発生しています。

しかし、1990年代にLLC(Limited Liability Company)という、パートナーシップと株式会社の中間のような会社組織が認可されるようになると、出資者は有限責任のメリットを享受しながら、なおかつ会社をたんなるツール(導管)として法人税の課税対象外とすることが可能になりました。これは、出資者(株主)にとっても経営者にとっても非常に有利な会社形態なので、今後、このLLC型の企業が主流になってくれば、法人税はその存在意義を失うことになるでしょう。

※〔著者注〕税務上は、アメリカで設立したLLCを日本で支店登記すると有限会社として扱われる。現在、経済産業省を中心に日本版LLCの導入が議論されている。

税務調査は国家によるプライバシー侵害である

このように見てくると、現在の税制に合理的な根拠が本当にあるのか、いちど真剣に考えてみなければならないということに気づきます。

たとえば、所得税や相続税など、国民の所得（利益）に課税しようとすると、必然的に、税務署のような監視機関が必要になります。しかし、よくよく考えてみれば、どの不動産をいくらで買ったとか、どこの銀行にいくら預金してあるとか、だれにいくら送金したとか、そうしたきわめて個人的な事柄を、はたして国家が知ることは許されるのかという根源的な問いが浮上してきます。

たとえば、あなたが恋人と街を歩いていたときに、いきなり国家公務員がつかつかと近づいてきて、「そのブランドもののバッグはどこの店でいくらで買ったのか？」とか、「彼女に毎月、いくらの小遣いを渡しているのか？」などと聞かれたら、どんなに温厚従順な人だって怒り心頭《しんとう》に発《はっ》するでしょう。税務署員が私たちに無断で銀行口座を調べたり、呼びもしないのに税務調査にやってくるというのも、ようするに、同じことをされているわけです。

ここから、「税金の徴収を目的に、国家が個人の収入や資産状況について情報を収集するのはプライバシーの侵害である」という、非常に説得力のある主張が登場してきます。税務署の存在そのものが人権の侵害であり、憲法違反であり、国家による犯罪だというわけです。もちろん、国民一人ひとりに番号をつけて所得や資産を国家が把握できるようにしようという「国民総背番号制」などトンデモありません。

※〔著者注〕総背番号制の実施には国民の抵抗感が強いので、財務省や政府税調は金融所得を一体課税し、番号登録した人にのみ損益通算を認める「選択制」の導入を目指している。

国家を運営していくためには税金が必要です。しかし、それを所得税として徴収しなければならない合理的根拠があるわけではありません。

国家の規模を縮小し、そのうえでどうしても必要な費用は人頭税や消費税で賄《まかな》うようにすれば、個人資産への国家による暴力的な介入がなくなり、社会はずっと明るくなるでしょう（法人税を廃止しても、消費税の徴収を代行する企業への税務調査は必要になります）。ついでに年金制度や健康保険制度も廃止すれば、社会保険庁や厚生年金基金、組合健保や全国各地の国民健康保険連合会などもまとめて不要になりますから、会社も行政組織もずっとすっきりして、さらに明るい社会になるに違いありません。

※〔著者注〕国鉄民営化を見てもわかるように、市場経済が発展すれば、国家の事業の多くは民営化できるようになる。郵便事業は宅配業者、郵便貯金は銀行、年金や医療保険は民間保険会社、公立学校は民間教育機関、治安維持は総合警備会社、公共事業は不動産開発会社によってかなりのところまで代替可能だ。民営化が困難な（不可能ではない）国家の機能として国防や外交、司法・立法が考えられるが、こうした機能だけに限定された「最小国家」では、行政経費は現在よりもずっと少額ですむだろう。

私たち日本国民は、生まれてこの方、脱税は悪であると頭に叩き込まれて生きてきました。マスコミでは、脱税を摘発する東京国税局査察部（マルサ）が正義のヒーローのように扱われています。しかしそれは、現在の矛盾だらけの税制を糊塗《こと》するためのパフォーマンスにすぎません。彼らは国民が、「所得税じゃなくても納税する方法はいくらでもあるよね」という単純な事実に気づいたり、「なんで税務署員が、私の銀行口座を勝手に調べてるの？」という当たり前の疑問を抱いたりすることを、なによりも恐れているのです。

※〈著者注〉元札幌国税局長が7億4000万円の所得を隠し、所得税2億5000万円を脱税していた事件（2002年1月所得税法違反で起訴）で、国税当局が幹部を法外な条件で企業の顧問税理士に斡旋《あっせん》している実態が明らかになった。企業が元国税局幹部を招くのは、理不尽な税務調査を避けるためである。これでは左手でアメ玉を見せながら、右手で調査対象企業を殴りつけているのと同じだ。

＊

このように、たった1枚の給与明細書から、日本社会が抱えるさまざまな問題が見えてきました。そこには、私たちが暮らしている日本国の矛盾がみごとに凝縮されています。それを知ったうえで、どのように人生を設計すればいいのか？　次は、あなた自身が選択する番です。

STEP2 幸福な人生のための知識

4. だれでも億万長者になれる魔法の法則

お金持ちになる「魔法の方程式」

ハワイ生まれの日系アメリカ人ロバート・キヨサキ氏の『金持ち父さん貧乏父さん』（筑摩書房）は日本でもベストセラーになったので、お読みになった方も多いでしょう。忙しくてまだ読んでないよ、という人も大丈夫。その内容は、以下のように超カンタンに要約できます。

①金持ちになりたければ、まずは収入を増やしなさい（著者はゼロックスの営業マンとして仕事をしながら、株式投資や不動産売買で資産を増やした）。

②金持ちになりたければ、支出を減らしなさい（金持ち父さん＝著者の親友の父親は、大きなビジネスを手がけながらも、質素な生活をしていた）。

③金持ちになりたければ、リスクを取りなさい（著者は不動産不況の際に、銀行からローンを組んでまで割安の不動産に投資した）。

④金持ちになりたければ、税金を払うのをやめなさい（この本では会社をつくって合法的に節税する方法が紹介されている）。

⑤金持ちになりたければ、家計のバランスシートをつくって自分の資産と負債を管理しなさい。

当たり前のことばかりで、「なあんだ、そんなこともう知ってるよ」と思った人も多いでしょう。しかし資産形成というのは、①収入、②支出、③資産の運用利回り、のたった3つの変数によって決まる関数ですから、いかなる天才といえども、これ以外の処方箋《しょほうせん》を提示することはできないのです。

ようするに、

資産形成＝（収入－支出）＋（資産×運用利回り）

というわけです。小学生にだってわかりそうな、超カンタンな方程式（足し算と引き算と掛け算！）です。しかし考えてみればこれは驚くべきことで、人類が貨幣を発明して以来、人々を虜《とりこ》にしてきた「お金持ちになりたい」という夢が、このたった一行の方程式で表されてしまうのです。しかも、これ以外にお金持ちになる方法は世の中に存在しません。

その証拠に、世の中に「こうすればお金持ちになれる」というハウツー本は浜の真砂《まさご》の数ほど溢《あふ》れていますが、そのいずれもが、この3つの変数に従ってつくられています。つまり、

①「サラリーマン出世術」「商売に成功する方法」など、収入を増やすノウハウ
②「節約生活」「格安旅行術」など、生活水準を下げずに支出を減らすノウハウ
③「1億円儲ける」「株で生活する」などの株本に代表される投資指南《しなん》本

それ以外は、お金持ちになるための精神論を扱ったカルト系（?）の本が少々、といったところでしょうか。「お金持ちハウツー本」というのは、この3つのテーマを飽きもせずに、手を替え品を替え著者を替えて出しつづけ、つねに一定数の人がそれを買っていく、という世界なわけです。「お金持ちになりたい」というのは、性欲や食欲と同様に、人類の本能に根ざした根源的な欲望ですから、水商売やAV業界やグルメブームが不滅なのと同様に、その需要が枯渇《こかつ》することはありません。

ところで、資産形成の方程式の前項（収入－支出）は、その年の総売上高（給与とそのほかの収入を合算したもの）から総支出額（生活費や税・社会保障費）を引いたものですから、企業の財務諸表でいえば、「損益計算書Ｐ／Ｌ」で表される純利益に相当します（STEP1で説明しましたよね）。一方、後項（資産×運用利回り）は、すべての保有資産（金融資産・不動産資産・絵画・ゴルフ会員権など）を何％の利回りで運用できたか、ということですから、こちらは「バランスシート（貸借対照表）Ｂ／Ｓ」の領域です。このように、個人の資産形成も、企業会計と同様に、損益計算書Ｐ／Ｌとバランスシート Ｂ／Ｓという基本的な財務諸表で把握できることになります（財務諸表にはもうひとつ「キャッシュフロー計算書C／F」がありますが、減価償却や売り掛け・買い掛け・在庫のない個人の場合、P／LとC／Fは一致するはずなので、こちらはさほど必要ありません）。

「働けば収入は増える」という法則

私たちは、どのようにすれば資産形成に成功できるのでしょうか。それはじつは、とてもカンタンなことです。

①より多くの収入を稼ぎ、
②より少ない支出で生活し、
③より高い利回りで資産を運用する。

これさえできれば、だれでも大きな資産を築くことが可能です。

収入を増やす方法は、ぜんぜん難しくありません。サラリーマンならどんどん出世して、大企業の部長や取締役、できれば社長や会長になればいいだけですし、自営業者や中小企業の経営者なら、商売に成功してＩＰＯ（株式公開）すればＯＫでしょう。唯一の問題は、これができるのは何万人に一人の幸運な（選ばれた）人だけだということです。もちろん、あなたがその一人であるという可能性はつねにあるわけですから、悲観することはありません。

ただ、確率論的にも明らかなように、この本を読んでいる読者のほとんどが、どんなに努力したとしても、万人がうらやむような幸運を摑《つか》むことのできないふつうの人のはずです（私たちだって同じです）。

しかし、ここでガッカリしてしまってはいけません。だれにでもできて、なおかつ確実に収入を増やす方法もあります。

ひとつは、労働時間を増やすことです。時給1000円で1日8時間働いている人が、労働時間を1日16時間に増やせば、たちまち所得は2倍になります。土日も同じく16時間働けば、収入はさらに40％増えるでしょう。1ヵ月の収入が18万円くらいだった人でも、たちまち月収50万円、年収600万円です。

とはいえ、最近は不景気で、残業時間も上限が決められて、いくら働いても全部サービス残業（ようするにボランティア）という会社もあるでしょう。その場合は定時で仕事を切り上げて、男性ならコンビニエンスストアやファミリーレストランの深夜従業員か道路工事の交通整理、女性ならクラブやキャバクラ、小料理屋などの水商売なんかで働けば、収入はグンとアップします。

しかし、こんな苦労をしてまでお金を貯めたいと考える人はそれほど多くないでしょう（ベンチャー企業の創業者などにたまにいますが）。私たちはみんな、もっとラクチンにお金持ちになりたいと考えているのです。

もっと簡単で確実に収入を増やす方法は、奥さんや子ども（あるいは親や兄弟姉妹）にも働いてもらうことです。労働時間の代わりに、労働人数を増やすわけです。

一世帯の人数が増えても、生活コストは人数に比例して増えるわけではありませんから、親・子・孫三世代が一斉に働きに出れば、その所得パワーは圧倒的です。一家で5人くらいが働けば、年間世帯所得はあっという間に2000万円や3000万円になるでしょう。世帯所得が年3000万円あっても、必要な生活コストはせいぜい1000万円もあれば十分でしょうから、年間2000万円ずつ貯蓄していって、5年もすれば1億円以上の資産をもつことが可能になります。

べつにアメリカの有名大学でMBAを取得し、外資系の金融機関にヘッドハンティングされなくても、世界でもっとも人件費の高い国・日本では、だれでも〝高額所得家庭〟になることができるのです（さらにいえば、一人で年間3000万円の所得を稼《かせ》ぐよりも、複数の働き手の合計所得を3000万円にしたほうが、所得税などの税コストがずっと安くなります）。

逆にいえばこれは、一人暮らしや核家族、専業主婦などの生活スタイルが、資産形成にいかに悪影響を及ぼしているか、ということを証明してもいます。一人暮らしは人類にとって最高レベルの贅沢《ぜいたく》であり（だいたい一人暮らしが当たり前の国なんて、世界中探しても日本しかありません）、妻を専業主婦にしておきたい夫は、一人で共稼ぎ家庭分だけ働かなくては帳尻《ちょうじり》が合わないのです。

※〔著者注〕日本のような豊かな社会で「金持ち」になることは、じつはそれほど難しくない。私の知人に、若くして大きな富を築いた風俗店経営者がいる。彼が風俗業界に参入した理由は明快で、「セックス産業は需要の大きさに比べて競争相手のレベルが低いから簡単に儲かる」からだ。産廃業や貸金業など、同様のビジネスチャンスをもつ〝汚れ仕事〟はほかにもあるだろう。

「簡単に儲かる」仕事が存在するのは、私も含めほとんどの人が、他人から後ろ指を指されてまで金持ちになりたくない、と考えているからだ。尊敬される職業に就き、やりがいのある仕事をし、豊かな生活を手にするのが私たちの夢だが、残念ながらそのすべてを叶えるのは難しい。社会的な評価や仕事の満足度を考慮せず、ただひたすら豊かな生活のみを目指すなら、成功の可能性はずっと高くなるだろう。もっともそれが幸福な人生かどうか、私にはわからないが。

「支出を減らせばお金は貯まる」という法則

支出を減らす方法は、もっと簡単です。日本（とくに東京）においてもっともお金がかかるのは住居費ですから、これを思い切って削《けず》れば生活コストは劇的に下がります。一人一部屋などという贅沢はいわず、5〜6人がワンルームに雑魚寝《ざこね》する出稼ぎ外国人労働者の知恵に学べば、生活コストを50％以上カットすることも不可能ではないでしょう。昼食は吉野家かマックですませ（それが健康に悪いというなら、自分で弁当をつくり）、酒やタバコはもちろんやめ、夕食は家族そろって食卓を囲めば一家団欒《だんらん》でみんなハッピーです。魚柄仁之助《うおつかじんのすけ》氏の「台所リストラ術」を活用すれば、1ヵ月の食費は一家で3万円もあれば十分です（ちなみに魚柄家では、夫婦2人の1ヵ月の食費は9000円です。詳しくは農文協刊『うおつか流台所リストラ術』を参照）。

仮に家賃を奮発して10万円にしても、1ヵ月の生活コストは20万円でおつりがくるでしょうから、一家（夫婦と子ども）の手取り月収の合計が100万円なら1ヵ月80万円、1年で960万円ずつお金が貯まっていきます。この資産を10％で運用できれば、10年で1億5000万円の資産が形成できます（私たちはこんな生活はできませんが）。

ところで日本には、恵まれた消費生活を送りながらも、外国人労働者並みの安い生活費で暮らしている人たちがいっぱいいます。これが、社会学者山田《やまだ》昌弘《まさひろ》氏（東京学芸大学教授）が発見した「パラサイト・シングル」たちです（『パラサイト・シングルの時代』ちくま新書）。

社会人になっても親と同居をつづける彼らは、月に2万〜3万円の生活費しか家には入れず、かといって家事を手伝うわけでもなく、父親をパトロンに、母親を家政婦にして、優雅な生活を満喫しています。

仮に1年間の生活費が50万円ですめば、年収300万円（手取り約250万円）として、自由に使える可処分所得は年200万円。月10万円程度のアルバイトでも、年間70万円以上が余裕資金となります。

日本のサラリーマン家庭でも、1000万円の金融資産をもっている人はそれほど多くありません。20代、30代で、結婚して子どもが生まれれば、逆にこれまでの貯金を取り崩さなくてはならないでしょう。アメリカの一般家庭（とくに地方）でも、10万ドル（約1200万円）の資産があれば「富裕層」と見なされます（物価の安い地方都市では、50万ドル＝約6000万円の資産があればリタイアできるとされています）。そう考えれば、年間200万円（約2万ドル）ものキャッシュを自由に使うことができる日本のパラサイト・シングルたちがいかに恵まれた存在かわかると思います。

海外を旅すると、ハワイの高級リゾートやパリのブランドショップで必ずといっていいほど日本人の女の子グループと出会います。シャネルやグッチをはじめとする高級ブランドが、続々と東京に直営店をオープンさせてもいます。それを見て外国人は、「日本人はなんて金持ちなんだ！」と一様に驚きますが、極端に低い生活コストで暮らせるパラサイト・シングルは日本の〝特権階級〟なので、一般の日本人とはそもそも比較になりません。

1980年代以降の円高局面で、パラサイト・シングルたちの購買パワーは凄《すさ》まじい威力を発揮しました。とくに〝解放された〟日本女性の行動力はすばらしく、高級ブランドの新作を買い占めたり、バリ島で若い男の子を囲ったり、ロサンゼルスやフロリダのテーマパークを占拠したり、さまざまな突飛《とっぴ》な行動で世界中を震撼《しんかん》させたのは記憶に新しいところです

（とくに、日本女性がアジアの若い男の子たちを〝買春〟するようになって、伝統的なフェミニズム運動は思考停止状態に陥《おちい》ってしまいました）。

このようなパラサイト・シングルたちの大活躍も、**物価も賃金も高い日本で、生活コストを引き下げて暮らす**という戦略がいかに有効かをみごとに証明しているのです。

「未来はだれにも予測できない」という法則

資産形成の王道は収入を増やし、支出を減らすことですが、私たちを含め、「あまりつらいことはしたくないよ」という大半の人は、いまある資産の有効活用を目指すことになります。それが72ページの法則③「より高い利回りで資産を運用する」という戦略です。

しかし、この方法には大きな問題があります。それは、「どのようにしたら運用利回りを上げられるのかだれにもわからない」ということです。これも考えてみれば当たり前で、もしそんな方法があるのなら、だれ一人働く人はいなくなってしまうはずだからです。そうならないのは「資産運用で楽して暮らそうと考えた人の大半が失敗している」からに違いありませんし、実際にもそのとおりなのでしょう。

では、「資産運用に成功する人はいないのか？」というと、そんなことはなくて、経験的にも知られているように、1980年代の日本（土地バブル）や90年代のアメリカ（インターネットバブル）で株式や不動産に思い切った投資ができたならば、だれでも目を見張るような資産を築くことが可能でした。

ただし、どの時点で経済が不況から好況に転換し、その好景気がいつまでつづき、どこでバブルがはじけるかは、やはりだれにもわかりません。未来を知ることはできないからです。

「長期投資や分散投資なら、景気サイクルにかかわらず安定した利益が得られる」

と主張する人もいます。たしかにそのとおりかもしれませんが、これは30年や50年のレンジで見た場合で、バブル最盛期の80年代末に日本市場に投資した人は、10年以上塩漬けしていてもいまだに株価は3分の1ですし、2000年初頭のアメリカ市場（とくにナスダック）に投資した人だって、同じ運命が待っているかもしれません。投資の結果は、最終的には、「運」としかいえないのです。

5．人生における大きな買い物

「自由なサラリーマン」は、いつでも辞表を出す

ここで、資産運用の前提となる人生設計のポイントを、簡単に復習しておきましょう。『黄金の人生設計』と重なる部分も多いので、「そんなのもう知ってるよ」という方は、読み飛ばしていただいて構いません。

人生を経済的な側面から眺《なが》めるならば、私たちの当面の目標は、できるだけ早く「**経済的な独立** Financial Independence」を達成することです。経済的独立というのは、早い話が、「だれの世話にもならずに生きていける身分になる」ということですが、いわゆる「ハッピー・リタイアメント」とはちょっと違います。

日本における〝リタイア〟は、老後の生活資金の大部分を国家から支給される年金に頼っています。これは「国家に依存《いぞん》する生活」ですから、「経済的独立」とはいえません。極端

な話、「国家財政が破綻《はたん》したから、来年からもう年金は払えないよ」といわれてしまえば、それまでだからです。いくら国民が主権者とはいえ、警察や軍隊などの暴力装置を独占する国家が相手ではいかにも分が悪いので、騙《だま》されたからといってマトモに相手にしないほうが賢明です。

日本でいう〝リタイア〟は、60歳とか65歳でそれなりの退職金を受け取り、終身雇用制のサラリーマンを卒業することを意味します。しかし「経済的独立」は、べつに退職金がなくても実現できますし、わざわざ65歳を待つ必要もありません。40代や50代、あるいは20代、30代で経済的に独立したってぜんぜん構わないのです。ちなみにアメリカでは、大学卒業後がむしゃらに働いて、45歳以前にアーリー・リタイアメントを実現することがホワイトカラーの目標になっています。

「そんなに早くリタイアしちゃって、後の人生はどうするのか？」と心配する人もいるかもしれません。しかし、アーリー・リタイアメントは仕事を辞めることとは違います。経済的に独立した後はなにをしようが自由ですから、いまの会社で働きつづけたければそうすればいいだけです。

ただし、ひとつだけ違うところがあります。

ふつうのサラリーマンは、上司とケンカしても、家族のことを思ってグッとガマンしなければならないことがきっとあるでしょう。意に添わない仕事を押しつけられて、悔し涙にくれることもあるかもしれません。総会屋対策のような汚れ仕事で、一歩間違えれば塀《へい》のなか、という理不尽な境遇に置かれているサラリーマンだって、まだまだいっぱいいるはずです。

しかし、経済的に独立したサラリーマンであれば、こんなときに迷う必要はありません。イヤな仕事をガマンしてつづけるなど、たった1回しかない貴重な人生のムダでしかありません。当然、「こんなことやってられないよ」と思った瞬間に、辞表を出すことになります。また、仕事はそこそこおもしろくても、そこから得られるもの（もはや経済的な利益はそれほど重要ではなくなっています）が、ほかの人生の選択から得られるものよりも小さいと思ったならば、やはり仕事をつづける理由はなくなります。

長い人生、いったいなにがあるかわかりません。ある日突然、「オレはプロボクサーにならねばならぬ！」との天啓《てんけい》が下るかもしれません。このように人生の選択がはっきり決まったとき、経済的に独立していれば、翌日の朝一番で会社に辞表を提出し、その足でボクシングジムの門を叩《たた》くことだってできるのです。

「戦略なき節約」は無意味である

先に述べたように、資産形成の有効な戦略のひとつに「支出を抑える（節約する）」という方法があります。500円のランチを250円の牛丼にすれば、250円のお金が貯金できます。家で弁当をつくってくれれば、昼飯の原価は100円くらいになって、400円が貯蓄に回せるかもしれません。

なおかつこの資産形成法がスゴいのは、その気になりさえすれば、だれでも、いつでも、なんの能力もなくても可能で、そのうえ100%確実に資産が大きくなっていく、ということです。そこから、「節約に優る運用なし」などといわれるようになりました。

しかし、私たちはべつに、こんな貧乏臭いことをやれといっているわけではありません（もちろん、やってもいいですが）。問題なのは、どんなに節約していても、肝心なところでムダな買い物をして、すべての努力をムダにしてしまっている人がいっぱいいることです。

いまさらいうのもなんですが、その最たるものが、不動産です。バブル崩壊後のこの10年間で、不動産の価格は5割から7割も暴落しました。その結果、5000万円で買ったマンションが2000万円以下に値下がりしてしまったという人がいっぱいいます。

将来的に、日本の地価がインフレ率を超えて力強く上昇していくようなことはあまり考えられませんから、この傷はさらに深くなることはあっても、回復する望みは薄いといわざるを得ません。

仮に不動産で3000万円の含み損を抱えた人が、それを毎日の昼食代250円の節約で埋めようとすると、金利を考えない単純計算で12万日、約330年かかります。どんなにチマチマ節約しても、その一方で大損していたのでは、ぜんぜん意味がないという当たり前の話です。こういう場合は、もうちょっとマシなものを食べても大勢になんの影響もありませんから、せいぜいおいしいものを食べて人生を楽しみましょう。

【教育】人生最大の買い物としての子育て

平々凡々に歳月を重ねていても、人生において大きな支出を迫られる時期が必ずやってきます。

ひとつめはもちろん不動産で、いつ、いくらで、どれだけのローンを組んで購入するのか、あるいは購入しないのか、ということは、人生設計に計りしれない影響を与えます。

ふたつめは、生命保険です。これはあまり意識されませんが、仮に30歳から60歳までの30

年間、年50万円（月額約4万円）の保険料を払いつづけると、掛金の総額は1500万円。仮にこのお金を年5％で運用できたとすると、約3300万円になります。

3つめの大きな出費は子どもの教育費です。これも『黄金の人生設計』で書きましたが、現在の日本では、中学から大学まで私立で教育を受けさせると子ども一人あたり2000万〜3000万円、幼稚園から大学まで私立なら4000万〜5000万円のお金がかかります。

もちろんこの教育費は、公立学校を利用すればもっと安くすませることも可能です。地方の場合は、公立中学・高校から大学受験をするというコースがふつうでしょうから、地元によい学校があれば授業料の高い私立学校を利用する必要はありません。

しかし東京などの都市部では、公立中学・高校は学校崩壊（学級崩壊）の危機に瀕《ひん》しており、教育機関というよりは、社会の治安維持のために若者を一時的に監禁しておく収容所としてしか機能していません。

なぜ公立学校（とくに公立中学）のクラスが崩壊してしまうかというと、私立のように、問題生徒を強制的に退学させる〝暴力装置〟をもたないという構造的な欠陥があるからですが、これに関しても『黄金の人生設計』で書いたのでくり返しません。ともかく、大都市圏の公立中学は、いわば警察のない社会のようなもので、構造的に崩壊する運命を背負っており、子どもの教育の場としては非常にリスキーです。

これは実際に体験してみればすぐわかることですが、親の立場で公立学校の惨状を目の当《まあ》たりにすると、少なくとも中学からは私立学校を利用するほかないと考えざるを得なくなります。その結果、東京の公立小学校ではクラスの3分の1が中学受験を目指すことになり、小学校4年生以降は、残り3分の2の生徒との間の大きな学力差のために学級秩序が維持できなくなります。これも非常にわかりやすい話なのですが、なぜか日本のマスコミは「公教育がすべて」と考えているので、こうした単純な因果関係をまったく理解しません。

日本の教育費が異常に高い原因は、学校組織が非効率で余分なところにコストがかかりすぎているということもありますが、第一に、文部科学省（ゆとり教育）と日教組（民主教育）による「日本民族白痴化計画」の結果、学校が教育機関として満足に機能せず、マトモな知識を身につけさせるには学校だけでなく、学習塾や予備校に子どもを通わせなくてはならなくなっているからです。ようするに日本の親は、私立学校と予備校に教育費を二重負担させられているわけです。

※〔著者注〕〔公立学校の運営費はほとんど税金で賄《まかな》われており、子どもを私立学校に通わせる

親も税金を支払っている。したがってこうしたケースでは、公立学校・私立学校・塾に対して三重の教育費負担が発生しているともいえる。

こうした理不尽な状況を改善する方法は、とても簡単です。まず文部科学省を廃止し、学校をすべて民営化します。学習指導要領や教科書検定などのくだらないことも、もちろんすべてやめてしまいます（そうすれば、歴史教科書をめぐるどうでもいい騒ぎもすっきりします）。旧公立学校も私立学校も塾や予備校も、教育方針や教育レベルで互いに競い合い、親はそのなかから、自分の子どもにもっとも適していると思う学校を選べばいいのです。そうすれば、少なくとも教育費負担は現在の半分以下になるはずです。

※〔著者注〕〔公立学校での日の丸、君が代の強制が議論を呼んでいるが、学校が民営化されればこうした問題も消滅する。公立学校では国家や自治体にルールを設定する権利があり、教師や生徒はそれに従わなくてはならない。学校を民営化すれば、保守的な親は子どもを君が代を歌う学校に通わせ、リベラルな親は日の丸を掲揚しない学校を選ぶだろう。

日本では、妻と子ども2人の平均的なサラリーマンがマンションを買うと、それ以外に生命保険の保険料がマンション1戸分、子ども2人の教育費がマンション2戸分で、計4戸のマンションを購入するのと同じだけの支出が必要になります。マンション1戸3000万円として、4戸で計1億2000万円。サラリーマンの生涯収入を3億円とすれば、税・社会保障費を支払った手取りは約2億4000万円。そこから不動産・生命保険・教育費に1億2000万円も支払って、なおかつ1億円の金融資産をつくるというのがいかに無謀な計画かは、考えるまでもないでしょう（この計算では、40年間を2000万円で暮らさなくてはなりません。1年あたりの生活費はわずか50万円です）。

このように考えれば、出生率が低下している理由もわかります。DINKS（子どものいない共働き）夫婦の場合、不動産を買っても買わなくても、比較的早い時期に経済的な独立を達成することが十分に可能です。それに対して子どものいる夫婦は、日本国の破壊的な教育政策のために重い負担に喘《あえ》ぎ、海外旅行も、ブランド物も、ゴルフも、高級レストランでの優雅な食事もあきらめなくてはなりません。日本では、**子どもを生むと国家から罰せられ、世俗的な幸福の多くを放棄しなければならない**のです。

※〔著者注〕30代独身のキャリアウーマンなどを「負け犬」と名づけた酒井《さかい》順子《じゅんこ》著『負け犬の遠吠え』（講談社）が話題になつた。先に述べたように、年金制度が崩壊して老後の保障が

なくなれば、家族や子どもに生活保障を求めるようになる。「負け犬」現象は、こうした生活の保守化を象徴している。

【自動車】車を買うか？　リースするか？

ほとんどの人が、家は借りるよりも買ったほうが得だと考えています。しかし、持ち家と賃貸の損得を考えることは、ほとんど意味がありません。アダム・スミスのいう「神の手」が働いて、損も得もないように賃借料と不動産価格がバランスするからです。

いきなりこんなことを言い出しても戸惑うだけでしょうから、最初にわかりやすい例として、自動車の購入とリースの関係を考えてみましょう。

日本車のなかでもポピュラーなトヨタ・カローラ（4ドアセダン）のメーカー標準価格は151万8000円となっています。これに基本装備5万円と、登録費用など諸費用31万5488円を加えて、購入時に支払う総額は188万3488円となります。

※〔著者注〕価格はすべて2001年5月時。論旨に影響がないので、初出時の数字をそのまま使った。

もちろん、あなたの手元にこれだけの現金があれば問題はないわけですが、不動産と同様に、車を購入する場合もたいていは分割払いを選択することになります。現在、トヨタ系ディーラーのオートローンの基準金利は5・80％ですから、それで計算すると、支払期間と支払総額は92ページ図表②のようになります。

信販系ディーラーのローンを使うと金利は年4・90％程度まで下がりますし（ろうきん〈労働金庫〉なら5年超10年以内で年3・80％）、同じトヨタ系でも、下取りと買い換えを同じ販売店で行えばサービス金利（4・90％）が適用されるので、支払総額はもう少し安くなります。

では、不動産において賃貸にあたるものは、自動車ではなになるのでしょうか？　それが、オートリースです。

オートリースは、月払いでリース料を支払って、3〜5年の期間、リース会社から車を借りる仕組みで、法人を中心に広く利用されています。こちらも1台からリース可能なので、大手のオリックス・オート・リースから同じカローラ（4ドアセダン）をリースした場合の料金を調べてみましょう。ついでに、トヨタ系正規ディーラーから分割払いで購入した場合の費用もいっしょに並べておきます（同図表③参照）。

■図表②　オートローンで車を購入した場合の支払い額

支払期間	回数	支払総額	月平均支払額
3 年	36回	2,063,746円	57,315円
4 年	48回	2,118,758円	44,140円
5 年	60回	2,176,236円	36,200円

■図表③　車のリースと分割払い購入、どっちが得か？

支払期間	回数	リース	分割払い（正規ディーラー）
3 年	36回	42,600円	57,315円
4 年	48回	36,000円	44,140円
5 年	60回	31,900円	36,200円

このように、リースを利用すると、分割払いで購入する場合に比べて、毎月の支払額が約4000円（5年）～1万5000円（3年）安くなります。その代わり分割払いで購入すれば、返済が終われば車は自分のものですから、それ以降はタダで乗りつづけることができますし、中古車ディーラーにもっていって売却することも可能です。一方のリースでは、リース期間が終われば車を返却しなくてはなりませんから、さらに使いつづけたいのなら新たにリース契約を組み直す必要があります（リース会社によっては、期間満了後に時価で車を購入できるところもあります）。

法人だからこそリースはおいしい

では、車のリースと分割払いはどちらがトクなのでしょうか？

すぐにわかりますが、この優劣は、車の保有期間と下取り時の中古車料金によって決まります。同じ車を長く乗りつづけるのであれば、最長でも期間5年のリースではなく、買ってしまったほうがよいでしょう。そうではなくて、仮に3～5年で車を買い換えていくのであれば、その時点で中古車がいくらで売れるかがポイントになります。

単純に比較すれば、リースと分割払いの支払い差額は3年で54万円、4年で40万円、5年で30万円程度になります。それ以外にリースでは、自動車税・自動車重量税などがリース会社の負担となるので（メンテナンスや車検代は本人負担）、これに年間約5万円の税コストを加えた額以上で中古車が売れれば分割払いで購入したほうがいいし、それ以下ならばリースのほうがトクということになります。

購入とリースの損得は、下取り時の車の状態や中古車相場によっても異なります。参考までに、トヨタの正規ディーラーでカローラの下取り価格を調べると、3年落ちで約40万円、4年落ちで約25万円になっているので、このケースではリースに割安感があります。

持ち家と同じく、車の「所有権」も一種のプレミアムですから、コストが同じであれば、顧客はリース（レンタル）よりも割賦での購入を選択するでしょう。将来の中古車価格はある程度正確に推定できますから、リース会社は所有権の購入よりも若干有利なようにリース料を設定しているのです。

もっとも、法人や個人事業主がリースを活用するのは、たんに支払費用が安くなるためだけではなく、それが会計上、大きなメリットをもっているからでもあります。

ここでは企業会計の詳しい説明はしませんが、法人（個人事業主）が自動車を購入すると、それはいったん資産（課税対象）として計上され、翌年以降、減価償却することになります。それに対してリースは資産にはなりませんから、リース料は全額経費処理することが可能です。

このように、自動車をいったん購入してしまうと、お金を払ったにもかかわらず法人税をとられて、会社のキャッシュフローが悪化します。それに比べてリースだと、支払ったリース料の分だけ利益も減りますから、余分な税金を払う必要はありません。このような会計処理上の違いが、じつはリースの最大のメリットなのです。

これと同じことは、じつは不動産にも当てはまります。

あなたが個人事業主やミニ法人になって自宅をオフィスにした場合、賃貸であれば家賃の半額〜3分の2を経費算入し、利益から差し引くことができます。一方、不動産を購入して法人所有にすると、こちらは資産に計上されるので、初年度に不動産価格の50%近い法人税を支払わなくてはなりません（この場合も次年度以降、減価償却で税金が戻ってきます）。

※〔著者注〕新築の超高層マンションでは、家賃月額100万円近い高額の賃貸物件はすぐに埋まってしまうという。こうした高額物件の借り主は金をドブに捨てているわけではない。彼ら富裕な事業家が物件の購入より賃貸を好むのは、リースの節税効果によって、実質3〜4割引（法人に対する実効税率は30〜40%）で家を借りることができるからだ。

ところで、分割払いだろうがリースだろうが、車を買えば当然、駐車場代、車検費用、自動車損害保険費用などの維持・管理コストがかかります。日本においては、自動車保有にかかわるこうした付帯費用がバカになりません。

先のカローラの例でも、東京都内なら駐車場代で月1万5000〜2万円（年間18万〜24万円）、自動車税3万4500円、自動車重量税5万6700円（3年分）、自賠責保険3万8450円（3年分）の諸費用に加え、自動車保険が対人賠償無制限・対物賠償2000万円の標準的なプランで年間20万円（20代）〜10万円（40代）、車検代がやはり10万〜20万円（2〜3年に1回）必要ですから、ざっと計算しても年間最低50万円の維持コストがかかってしまいます。そのうえ、車に乗ればガソリン代（＋ガソリン税）や高速料金などもかかります。

このように考えれば、**車は究極の贅沢品**のひとつということがわかります。これを5年ごとに買い換えていくと、20代から60代までの40年間でだいたい2500万〜3000万円程度の出費になり、マンションを1戸買えてしまいます。仕事などでどうしても車が必要な人を除けば、都市部（とくに東京）に住んでいるのなら、レンタカーですませてしまったほうがはるかに経済合理的です。

【不動産】マイホームは不動産投資

ここまで自動車を例にとって、分割払いとリース（ついでにレンタル）の損得勘定をしてきたわけですが、これと同じ議論が不動産にも当てはまります。不動産の購入を「分割払い」、賃貸を「リース」と考えて、両者の優劣を比較すればいいだけだからです。

持ち家（購入）と賃貸（リース）の違いは**リスクの所在**にあります。

リースでは支払額はあらかじめ確定しています。一方、車を分割払いで購入すると、最終的な損得は中古車を売却するまでわかりません。**資産を所有するということは、市場リスクを購入すること**でもあるからです。

同様に不動産を賃借している人は、仮に不動産価格が暴落してもなんの関係もありません（大家が破産すれば出て行ってくれといわれるかもしれませんが）。それに対して持ち家は不動産投資の一種なので、資産の価値は不動産市場によって大きく影響されます。ようするに、地価が上がれば儲かるし、下がれば損をするわけです。

マイカーとリースのどちらが有利かをあらかじめ決めることはできません。同様に、マイホームと賃貸のどちらが得か知っている人はどこにもいません。何十年も先の地価を正確に予想することは不可能だからです。

賃貸よりも持ち家のほうが絶対的に有利ならば、世の中に不動産を賃借する人はいなくなってしまうはずです。しかしだからといって、持ち家よりも賃貸のほうが絶対的に有利だということもありません。もしそうなら、不動産を保有しようという人はだれ一人いなくなってしまい、不動産はすべて国が取得し、国民にそれを賃貸する社会主義国家になってしまうでしょう。「持ち家が有利だ」と思う人が不動産を取得し、「賃貸が有利だ」と考える人がそれを借りるからこそ、不動産賃貸というビジネスが成立するのです。

家を買うことのリスク

不動産を保有することのリスクには、「市場（マーケット）リスク」と「流動性リスク」とがあり、さらに「市場リスク」は「金利変動リスク」と「価格変動リスク」に分けられます。

①流動性リスク

不動産は上場株式や国債などの金融商品に比べて、売買に非常に手間とコストがかかる投資商品です。なにかの理由で自分の住んでいる家を売りたくなっても、不動産業者に頼んで買い手が現れるのを待つほかありません。たまたま近所で同じような物件が取引された、というような偶然でもないかぎり、売却価格だっていくらが適正なのかよくわかりません。家の買い換えなどで、不動産の売却代金を頭金にしようと考えていると、いつまでも買い手が決まらず投げ売りするほかない状況に追い込まれることもあります。

一般に流動性がなく、部外者には適正な価格がわからず、肝心な情報はインサイダーでなければ入手できないマーケットでは、個人は圧倒的に不利な状況に置かれます。それに対して不動産賃貸では、借り手はいつでも好きなときに退出できますから、こうした流動性リスクにさらされることはありません。

②金利変動リスク

変動金利はもちろん、固定金利でも期間は最長で10年（民間金融機関の場合）ですから、将来、金利が上昇すれば、それだけ住宅ローン金利も上がってしまい、「持ち家派」の返済額は増えていきます。逆に金利が下がれば「持ち家派」は有利ですが、公定歩合をマイナス金利にでもしなければ、これ以上、住宅ローン金利が下がるようなことはなさそうです。したがって、固定金利の期間内にローン返済を終えるケース以外では、「持ち家派」はつねに金利上昇リスクにさらされていることになります。

③価格変動リスク

当たり前ですが、不動産を所有していると、地価が下落すればそれだけ損をしてしまいます。とくに建物（上物）部分は、時間が経つにしたがって確実に価値が下がっていきます。日本の場合、新築物件は買った瞬間に「中古」と呼ばれ、いきなり価格が10％（5000万円の物件なら500万円！）も値下がりするという理不尽なことも起きます。

仮に最近のように、地価が毎年3％も下がるような状況がこれからもつづくならば、5000万円の物件を買った人は、地価の下落と建物の劣化で毎年150万〜200万円も損をすることになります。

④そのほかのリスク

持ち家を賃貸に回して「大家」の立場になれば、資金回収リスクや物件の毀損《きそん》リスクなども生じてきます。世の中にはつねに一定数のヘンな人がいるわけで、ちゃんと契約を交わしているのに家賃を支払わずに居座ろうとしたり、床に穴を開けて地下室をつくろうとしたり、さらにはどこぞの新興宗教の信者だったり、暴力団員だったり、犯罪者だったり、性格異常者だったりするかもしれません。こうした「貧乏くじ」を引いてしまったが最後、日本の警察は「民事不介入」でなんの手助けもしてくれませんから、たいていの場合、泣き寝入りするほかなくなってしまいます。

こうしたさまざまな要因を考慮すると、「持ち家派」と「賃貸派」の置かれた立場の違いが整理できます。持ち家と賃貸では、ありとあらゆるリスクは「持ち家派＝家主」が負わされているのです。

ワンルームマンション投資は儲かるか？

リスクには当然、報酬がともなわなくてはなりません。不動産では、このリスクは借入金利と投資利回りの差で計測されます。

たとえば、時価5000万円のマンションを年間300万円（月額25万円）で賃貸に出すと利回りは6％（300万円÷5000万円）。固定資産税や共益費・修繕積立金などの維持・管理コストを1％とすると実質利回りは5％になります。このときのローン金利が3・5％なら、その差の1・5％（不動産の実質利回り5％－借入金利3・5％）が不動産というリスク商品を保有することへの報酬（プレミアム）です。

賃貸料＝住宅ローン金利＋リスクプレミアム

このリスクプレミアムが、不動産投資（持ち家の購入）のリスクにふさわしいかどうかが、「持ち家」と「賃貸」の判断の分かれ目になります。

超低金利の現在、「不動産投資の平均的な利回りは5％」といわれていますが、不動産のプロであり、サービサー（不良債権回収業者）としてはじめて店頭市場に株式公開したレーサムリサーチの田中剛《たなかたけし》社長によれば、首都圏においては不動産投資の人気が過熱化し、競売物件ですら投資利回りが4％台に下がってきた、ということです。しかし、ビジネスとして不動産投資を考えるならば、こんな利回りではぜんぜん商売になりません。いまでも競売物件のブームはつづいているようですが、少なくとも首都圏の物件については、投資妙味はほとんどなくなったと考えていいでしょう。

最近、ワンルームの投資用マンションの広告が目立つようになってきました。なかには年利回り6%超をうたうものもあります。これなら、ちゃんと利益は出るのでしょうか？

こうした広告に飛びつく前に、なぜ一般の不動産の利回りが4%台まで下がっているときに、ワンルームマンションだけが高利回りなのかを考えてみなければなりません。結論は簡単で、ようするに、それだけリスクが高いからです。

第一に、ワンルームマンションは中古になったときの値下がり幅が大きく、買ったとたんに元本割れしてしまいます。ちょっと古くなると家賃を下げなくては入居者が集まらず、場合によっては空室になってしまう恐れもあります。そのうえ、日本ではマンションの中古市場が成熟していないので、もてあました物件を売却しようとしても、足元を見られて買い叩かれるのが落ちです。

そう考えれば、優良物件に比べて2%程度利回りが高くても、ぜんぜんうれしくありません。不動産投資をするならば、多少投資額は大きくなっても、高い賃料の取れる優良物件を購入すべきなのです。

「持ち家優位論」は俗説だらけ

では最後に、「持ち家vs.賃貸」についての代表的な誤解について、簡単に触れておきましょう。

①日本では家主が高齢者に家を貸したがらないから、若いときに家を買っておかないと、年をとってから住むところがなくなる。高齢になってから住宅ローンを借りようと思っても、金融機関は貸してくれない。

本書の読者であれば、まさかこんな与太話《よたばなし》を真に受けるとは思いませんが、いちおう説明しておきます。

「家を買わない」ということは、その余裕資金を金融資産などで運用するということですから、リタイアする年齢になれば、賃貸派はいつでもキャッシュで家を買うことができるだけの金融資産をもっているはずです（そうでなければ人生設計が根本的に間違っているわけで、これは「持ち家か賃貸か」という話ではありません）。もし本当に、高齢者になって不動産が借りにくくなるのなら、そのときは気に入った物件をキャッシュで買えばいいだけの話です。これなら、金融機関から融資を受ける必要もありません。

リタイア後は都心に住む必要がないと思えば、田舎《いなか》の物件を探してみるのもいいでしょう。都心に近い伊豆《いず》の別荘地でも、1000万～1500万円で十分な広さの温泉つき〝終《つい》の棲家《すみか》〟が手に入ります（観光地でなければもっと安く購入できます）。

さらに、最近では70歳くらいで持ち家を売却し、その代金で高級老人ホームに入居する人たちも増えてきました。これなら、70歳まで賃貸生活をつづけ、金融資産を解約して老人ホームに入居しても同じことです。

このところ自治体などが、バリアフリーなど高齢者向けの優良賃貸物件に力を入れています。「高齢者が家を借りにくい」のは、「居座られるリスク」があるためで、病気で家賃を払えなくなったお年寄りを叩き出すことはできませんから、「それなら最初から貸さなきゃいいじゃないか」ということになっているわけです。定期借家契約や行政の関与でこうしたリスクが低減すれば、「老後は高齢者向けの優良賃貸物件で暮らす」のが当たり前になるかもしれません。

②家を買えば不動産を所有できるけれど、賃貸では毎月の家賃が無駄になる。

この最大の俗説は『黄金の人生設計』で分析しましたが、ここでは別の視点で考えてみましょう。

※〔著者注〕住宅ローンを組んでマイホームを購入することは、株式の信用取引と同じハイリスク・ハイリターンの投資法だ。ハイリターンのみを強調すれば、「持ち家のほうが絶対有利」という不動産業者のセールストークになる、ということ。

日本には「借地借家法」という終戦直後にできた特殊な法律があり、いったん不動産を借りた人は、貸主が泣いて頼もうが土下座《どげざ》しようが返却する必要はない、という法外な話がまかり通っています。いまでも旧借地借家法の賃貸物件はいっぱいありますが、こうした物件を一回借りてしまうと、家賃さえ払っていれば死ぬまで住みつづけることができるのですから、これはじつは**「所有」しているのと同じ**ことです。

たとえば東京には、昭和30年代や40年代に格安の家賃で都営住宅などを借り、原宿や青山の超一等地にそのまま居座りつづけている人たちがいっぱいいます。この人たちは50年（平世紀！）にわたって家賃値上げを拒《こば》みつづけ、あまりに賃料が安いために改修ができず、物件は老朽化するにまかせるほかありませんでした。この状況を「所有」といわずなんというのでしょうか？

※〔著者注〕東京・青山の同潤会《どうじゅんかい》アパートは1927年に竣工《しゅんこう》され、紆余曲折《うよきょくせつ》の末に改築が開始されたのは2003年だから、その時点で築76年になっていた。

借地借家法のおかげで、これまで賃貸派はいっさいのリスクを負うことなく不動産を実質的に「所有」することができました。逆に、賃借人に不動産を「所有」されてしまった家主は、いくら地価が上昇しても売却することができず、あるいは多額の立ち退き料を支払わなくてはならなかったわけですから、それを考えれば「高度成長期は持ち家が賃貸よりも圧倒的に有利だった」という通説も怪しいものだという気がしてきます。

都心の一等地に家賃5万〜6万円という超ローコストで暮らしながら余裕資金を運用していれば、持ち家派よりもはるかに大きな資産を築くことができたはずです。ではなぜ、賃貸よりも持ち家のほうが有利に見えるかというと、もともと持ち家購入者のほうが年収や社会的地位が高く、資産形成に成功する可能性が高かったためでしょう。

③不動産には資産としての価値がある。

たしかに不動産に資産価値はありますが、不動産の代わりに株式や債券を所有しても資産であることに変わりありません。世の中には資産価値のあるものはいっぱいあり、金融資産と不動産資産のどちらを保有することが有利であるかは遠い将来にしかわかりません。

ついでに述べておくと、たいした資産もない一般のサラリーマンが持ち家を購入すると、純資産における不動産資産の割合が４００～５００％になり、地価相場と心中することになってしまいます。

最近は資産運用におけるアセットアロケーションが流行ですが、「預貯金、債券、株式、外貨預金を４：３：２：１の割合でもちましょう」などといっても、その一方で自己資本の5倍の不動産資産を保有していたらなんの意味もありません。仮に株式で年１００％の驚異的な運用パフォーマンスをあげたとしても、地価が20％下がってしまえば、トータルでは大損だからです。

標準的なアセットアロケーション理論によれば、不動産資産は、最大でも全資産の30％以内に抑えておくべきです。ということは、3000万円のマンションを購入する人は、1億円の資産をもっていなければなりません。現代資産運用理論からは、「日本人のほとんどは家を買うべきではない」という結論しか導き出せないのですが、アセットアロケーションに熱心なファイナンシャル・プランナーでこういう〝正論〟を述べる人はなぜかほとんどいません。

④賃貸用には家族で暮らせるような広い物件がないから、子どもが大きくなれば家を買うしかない。

これはじつは「俗説」ではなく、唯一、マイホームを購入する合理的な理由です。日本の賃貸不動産がなぜ貧弱かというと、先に述べたように、いったん不動産を貸すと賃借人に「所有」されてしまうからです。そうであれば、貸主としてはだれも「所有」したがらない魅力のない物件を貸すほかありません。こうした貸主の経済合理的な行動の結果、この国の賃貸物件はワンルームや1DK中心となり、人々をマイホームへと駆り立てていったわけです。

こうした状況は現在でも大きくは変わっていませんが、短期賃借権や定期借家権によるリロケーション物件（貸主の転勤などにともなう短期貸し）を中心に、一戸建てや大型の分譲マンションも徐々に賃貸市場に出てくるようになりました。今後、定借契約が一般化すれば、高い賃料の取れる家族用の優良賃貸物件も増えてくるでしょう。

持ち家派の場合、必然的に、「生涯でもっとも家族構成の大きくなるときに合わせて家を購入する」ということになります。夫婦と子ども2人の4人家族ならば、子どもが小学生のうちは2ＬＤＫでも暮らせますが、そのうち子ども部屋が必要になって、賃貸物件では間に合わず、思い切って4ＬＤＫの家を買うことになるかもしれません。

ところが、ようやく住宅ローンを払い終わったころには子どもは2人とも独立し、老夫婦2人で広い家に暮らすことになってしまいます。なかには奥さんにも愛想をつかされ、男の一人暮らしになる人もいます。核家族化とホテル化の進む現代において、広い家が必要なのは長い人生のなかで10年程度にすぎないのです。

このように、持ち家は、人生の後半において大きな無駄を生むことになります。その結果、最近では郊外の家を売却して都心のマンションに移ったり、リゾート地に住居を移す高齢者夫婦も増えてきました。ますます、持ち家派と賃貸派の違いがなくなってきているのです。

【生命保険】こんなに簡単な生命保険の仕組み

次に生命保険の話も少ししておきましょう。

保険の仕組みは「宝くじ」と同じです。私たちは保険料を支払って保険会社が発行する宝くじを購入し、死亡したり病気になったり交通事故に遭《あ》ったりすると「保険金」という名の賞金を受け取ります。貯蓄性の金融商品として保険を考えると、「宝くじ」がついている分だけ、ほかの金融商品に比べて割高になっています（113ページ図表④参照）。

終身保険などの貯蓄型生命保険の仕組みは非常に単純で、保険料の内訳が、①経費部分、②保険（宝くじ）部分、③貯蓄（運用）部分に分かれているだけです。よく誤解する人がいますが、生保の予定利率というのは保険料全額を元金とするわけではなく、③の貯蓄（運用）部分をあらかじめ約束した利率で運用してくれるというだけのことです。

この運用部分がどの程度あるかは保険の設計によって異なりますが、仮に保険料の半額が運用に充《あ》てられているとすると、実質運用利回りは予定利率の半分になってしまいます（予定利率5・5％でも、実質運用利回りは年2・7％前後）。バブル期の予定利率5・5％超の生命保険を「お宝保険」といいますが、そう考えるとたいした「お宝」でもありません。

この終身保険から②の宝くじ部分を減らし、③の運用部分を拡大すると「養老保険」になり、逆に③の運用部分を減らして、②の宝くじ部分を拡大すると定期保険（死亡保険）や医療保険になります。終身保険の解約返戻金を一括で受け取らず、分割払いにしたものが個人年金保険です。ということは、保険のコストは次の3つの要素で考えなくてはなりません。

①営業コスト

金融商品における手数料部分で、このコストが少ないほどよい保険です。国内生保は膨大な数の「保険のオバサン」を抱え、外資系カタカナ生保は営業マンに高給を払っているのでこの営業コストが高くなります。一方、営業コストを減らして格安な保険料を実現したのが共済系や通販系の保険です。

②宝くじ（保険）代金

保険は「宝くじ」の一種ですから、死亡したり怪我や病気で入院した人に保険金という名の「賞金」を支払わなければなりません。この賞金は、当籤者（死んだり病気になったりす

■図表④　生命保険の仕組み

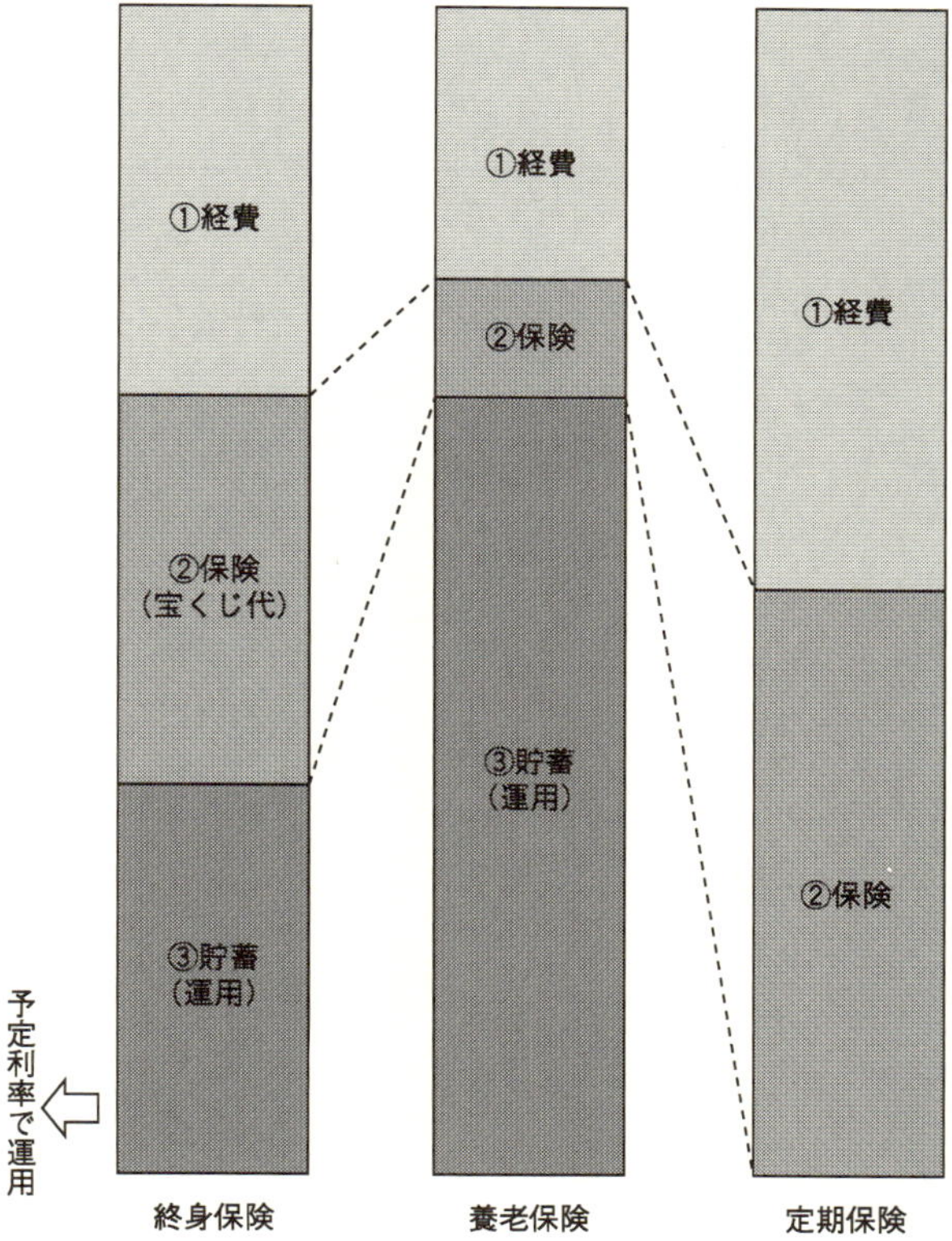

る人）の数を統計的に予測したうえで決められます。当籤者が多ければ支払う当籤金も増えますから宝くじ代金は高くなり、逆に当籤者が少なければ宝くじ代金は安くなります。保険料を安くするには、できるだけ当籤確率が低いグループに入ればいいわけですから、しっかり禁煙したうえで「ノンスモーカー割引」などを積極的に利用しましょう。

ちなみに、この宝くじ代金は「保険数理人（アクチュアリー）が統計解析を駆使《くし》して適切に算出する」とされていますが、これまでは完全にブラックボックスになっていました。最近の「予定利率引き下げ問題」で生保に対するディスクロージャーの要求が厳しくなると、多くの保険会社が死亡率（事故率）を高めに設定し、過大な宝くじ代金を徴収して利益をあげ、予定利率の逆ざやを埋めている実態が徐々に明らかになってきました。

③運用利回り

これがいわゆる予定利率で、利回り確定の貯蓄性保険であれば、予定利率が高いほどいい保険であることはいうまでもありません。バブル期にはこの予定利率が5・5〜6％もあり、この約束した利回りと実際の運用パフォーマンスとの差が「逆ざや」として保険会社の経営を圧迫しているのは周知の事実です。大手生保は、「費差益（保険料から余分に徴収した営業経費）」や「死差益（死亡率を高めに設定して儲けた宝くじ代金）」で「利差損（予定利率との逆ざや）」を埋め合わせています。

最近は予定利率が1・5％程度まで下がっているので、保険には貯蓄商品としてのメリットがほとんどなくなってしまいました。そのため、利回りを確定させない変額保険も増えてきましたが、これはようするに「保険のついた投資信託（ファンド）」で、コストが高い分、パフォーマンスは一般のファンドに劣ります。

このように、予定利率以外の営業コストや宝くじ（保険）代金まで含めて考えなければ、保険の良し悪しはわかりません。ところが保険会社は、保険料の内訳を公表していないので、納めた保険料のうち、いったいいくらが貯蓄・運用に回されているのか、加入者にはさっぱりわかりません。

こんな不透明な商品で資産運用してもロクなことはないので、保険は、②保険（宝くじ）の部分と、③運用部分に分け、運用は株式ファンドや公社債投信などの手数料率（コスト）の安い金融商品で行い、保険（宝くじ）はこれもコストの安い通販系保険か共済を利用するのがもっとも合理的です。最近になって国内生保が派手に宣伝しているアカウント型保険などは、割高な営業コストの分だけ宝くじ代が高く、貯蓄部分の予定利率が低いので、相手にしないほうがいいでしょう。

生命保険はいらない

『黄金の人生設計』で述べたように、日本人は一般に生命保険をかけすぎています。あなたが独身か、結婚していても子どもがいない（あるいはすでに子どもが独立している）ならば生命保険は不要ですし、子どもがいても住宅ローンを組んでいれば、あなたが死ねば残ったローンを保険会社が代わりに支払ってくれますから、それ以上の保険に加入する必要はありません。

そう考えると、日本人で保険に加入する必要があるのは、20歳以下の子どもがいて、資産の蓄積が十分でなく、なおかつ賃貸生活をしている人、ということになります。もしあなたに十分な資産があれば、わざわざコストのかかる保険商品を購入するよりも、ふつうの金融商品で資産運用したほうがずっとトクです。保険料には「宝くじ代」のほか、20〜40%もの営業経費が含まれているため、ファンドなどのほかの金融商品に比べてパフォーマンスが大きく劣るからです。

あなたがサラリーマンなら、突然、明日死んでも会社から死亡退職金が出ますし、遺族には厚生年金から遺族年金が支給されます。奥さんが子どもを連れて実家に戻れば、住居費もかからないでしょう。こうした公的・私的なさまざまな援助を考えると、たとえ生まれたばかりの子どもがいても、必要な保険金額はそれほど多くはありません。個々のケースで異なりますが、だいたい死亡保険で３０００万円もあれば十分でしょう。

さらに、子どもの成長に応じて必要な保険金の額は減っていきますから、５年くらいの定期保険を購入し、満期のたびに保険金額を減額していくか、保険金額が徐々に減っていく逓《てい》減《げん》定期を使うと、合理的に保険料を節約できます。無駄な保険金をカットして、効率のいい運用に回しましょう。

何十年も先の支払額を定額で固定させる終身保険、終身医療保険、個人年金などは、将来のインフレにはまったく無力です。あなたが60〜65歳の定年を迎えるまで現在のデフレ経済がつづけばなんの問題もありませんが、そんなにうまくものごとが運ぶかどうかはわかりません。仮にハイパーインフレが日本を襲うことになれば、これまで払い込んだ保険料はまったくの無駄になってしまいます。

「終身の医療保険でないと、高齢になって病気にかかる確率が高いときに無保険になってしまう」と心配する人がいますが、これもまた俗説の一種です。65歳になれば年金が受給できますから、長期入院しても生活には困りません。そのうえ、1回の入院で支払われる医療保険の最大給付額は90万円（5000円×180日）〜180万円（5000円×360日）程度です。そう考えれば、無駄な保険のために高い保険料を支払う前に、やるべきことがあるはずです。

6. インフレとデフレについて知っておこう

貯金が有利か？　借金が有利か？

人生設計にあたっては、もうひとつ考慮しなくてはならない重要な要素があります。それが、将来のインフレです。

インフレというのは「モノの値段が上がっていくこと」で、これは逆にいうと、お金の価値が下がっていくことでもあります。昨日まで500円だったサンマ定食が今日から600

円に値上げされていれば、五百円玉1枚では昼ごはんが食べられなくなってしまったわけですから、モノ（サンマ定食）の価値が上がり、お金（五百円玉）の価値が下がったことになります。

一方、デフレというのは、モノの値段が下がって、お金の価値が上がっていくことです。昨日まで400円だった牛丼が200円になれば、牛丼に関しては百円玉1枚の価値は2倍になったわけです。「日本がデフレ経済に突入した」というのは、牛丼やハンバーガー以外のさまざまな品目でもこうした価格の低下（お金の価値の上昇）が起きている、ということなのです。

人生設計において、インフレは大きなリスクです。

たとえば、仮にあなたがいま45歳として、20年後の日本の物価が10倍のインフレになっているならば、当然、お金の価値は10分の1ですから、20万円の年金の価値は実質2万円しかないことになってしまいます。これでは生きていけませんから、高齢者は全員飢え死にすることになります。

しかし幸運なことに、こんな悲惨なことはすぐに起こりそうにもありません。なぜなら日本の年金は、支給額がインフレ率に連動することになっているので、物価が10倍になれば、年金支給額も10倍の月200万円に増えるはずだからです（いちおういまのところは）。

とはいえ、「それなら問題ないじゃないか」と簡単に決めつけるわけにもいきません。仮に物価が10倍（お金の価値が10分の1）になれば、一生懸命貯めた1000万円の貯金も100万円の価値しかなくなってしまうからです。このように高いインフレ率の下では、預貯金などのかたちでお金をもっていることは非常に不利になります。

では逆に、1000万円の住宅ローンを借りていたらどうでしょう？　当然、お金の価値は10分の1ですから、ローンの実質負担は100万円になって、こちらは超ラッキーです。

このように**インフレでは、**

①貯金をいっぱいもっている人は不利
②借金をいっぱいしている人は有利

ということになります。

モノの値段が安くなるデフレの場合はインフレとまったく逆ですから、現金をもっていればいるほど有利になります。仮に1000万円の貯金があったとすると、物価が10分の1になれば、その実質的な価値は1億円になるからです。

しかしその一方で、借金をしている人は困ったことになります。お金の価値が10倍になるわけですから、3000万円だった住宅ローンが、いつの間にか3億円の実質負担になってしまうからです。

このように**デフレでは、**

①貯金をいっぱいもっている人は有利
②借金をいっぱいしている人は不利

ということになります。この関係は重要ですから、よく覚えておいてください。

90年代最高の資産運用手段は郵便貯金だった!?

現在の日本経済は、実質的には年率1～2%程度のデフレがつづいているとされています。「貯金は有利、借金は不利」という状況です。

では、このデフレ日本でいちばん上手に資産を運用している人はだれでしょう?

それは機関投資家でもプロのトレーダーでもヘッジファンドでもなく、１４００兆円といわれる個人金融資産の大半を郵便貯金や銀行預金で運用しているそこらへんのおじちゃん、おばちゃんなのです。しかしなぜか、だれもこの重要な事実に言及しようとはしません。

バブル期に1億円だった不動産が、10年後の今日では３０００万〜５０００万円まで値下がりしています。ということは、この不動産を取得しようと考えていた人は、いまなら3分の1〜半額の資金しか必要ありません。これはようするに、３０００万円（あるいは５０００万円）が10年間で1億円になったと同じことですから、運用利回りで換算すれば、年率7〜13％に相当します。90年代のような強烈な資産デフレの下では、なにもしないでお金を郵便局や銀行に預けておくだけで、年利回り10％という、ピーター・リンチやウォーレン・バフェットもびっくりのパフォーマンスを残すことができたのです。

ここから、「低金利で個人はみんな損している」という定説はまったくデタラメということがわかります。たしかに年利０・００２％の普通預金ではお金の名目価値は増えませんが、デフレがつづけば実質価値が上がっていきます。消費者物価指数がマイナス2％なら、普通預金の実質金利は2・００2％（名目金利０・００2％＋デフレ率2％）となり、それだけモノを購入するお金のパワーは上昇していくわけです。

このように、金利はつねにインフレ率を勘案した実質ベースで考える必要があります。

実質金利＝名目金利－インフレ率（あるいは名目金利＋デフレ率）

というわけです。

金融機関や経済紙誌は、この10年間、声を嗄《か》らして「資産形成のためには預貯金よりも株式などのリスク資産に投資しよう！」と叫びつづけました。理屈としては、たしかにそのとおりでしょう。しかし、1400兆円といわれる個人金融資産はほとんど動きませんでした。そして、それが正解だったのです。

預貯金よりもリスク資産が有利であるためには、インフレと経済成長が前提となります。それは、デフレとマイナス成長の日本経済にはまったく当てはまらない処方箋でした。この10年間、資産運用に関しては、大衆はつねに正しかったのです。

PT＝MV

デフレ経済において大きな借金をしている人ほど不利になるならば、いちばん困るのは6

00兆円（国家の子会社である地方自治体や特殊法人に飛ばされた負債を合計すると1000兆円）を超える借金を背負った日本国です。借金が大きすぎて債務超過になったり、負債の額が売り上げを超えていたりするようなゼネコンや流通大手も、日本国同様、困り果てています。インフレと経済成長を想定して高い保証利回りを約束した生命保険会社や、不動産を担保に無茶な融資をしていた金融機関も、相次いで経営破綻しています。

こうした「デフレ被害者友の会」では、「現金を抱え込んでいる一部の個人ばかりがトクするのはおかしいじゃないか」との不満が高まっています。とりわけ、「デフレ被害者」の筆頭に日本国が居座っていることが、話をややこしくします。

元日銀マンの木村剛《きむらたけし》氏は、経済小説『通貨が堕落するとき』（講談社）で、「追い詰められた国家は、最終的にはインフレという禁断の果実に手を延ばさざるを得ない」とのリアルなシミュレーションを展開しています。

『通貨が堕落するとき』では、大蔵省（現財務省）が自らの責任を逃れるために金融業界の護送船団方式に固執《こしつ》し、ペイオフを延期し、不良銀行に多額の公的資金（税金）を投入する一方で、政府は金融緩和《かんわ》と金利引き下げのため日銀に国債を買い取らせます。日本国の借金は800兆円を超え、いつまでたっても不良債権を処理できない邦銀の格付けは「投機的」

にまで引き下げられ、為替レートが１ドル＝１６０円を下回ったときに、中東で新たな石油危機が勃発《ぼっぱつ》し、原油価格高騰《こうとう》を引き金に日本をハイパーインフレが襲う、という筋書きです。

この魅力的な小説の背景にあるのが、

PT＝MV

という、経済学の教科書には必ず出てくる恒等式です。

P（Price）は物価、T（Transaction）は取引量、M（Money）は通貨供給量、V（Velocity）は通貨の流通速度を表しています。一国の経済規模は、国内で生産され、取引されたモノの総量によって決まりますから、PT（物価×取引量）とはGDP（国内総生産）のことでもあります。したがって先の恒等式は、

GDP＝MV

というなかなか深遠な式に書き直すこともできます。

ところで、PT＝MVを、

P＝M V／T

と書き直すと、ハイパーインフレが引き起こされる条件が簡単にわかります。それは、

①「T」つまりモノの取引量が少なくなる（市場に流通する商品が減る）
②「M」つまり通貨の供給量が増える
③「V」つまり通貨の流通速度が速くなる

ということで、T・M・Vのたった3つの要素でモノの値段は決まるのです。

多くの論者が指摘するように、バブル崩壊後からつづく超金融緩和措置で日本の金融市場には通貨がジャブジャブに供給されており、とっくの昔に②の条件は満たされています。それでもインフレが起こらず、逆にデフレが進行するのは、バブル期に行った巨額の設備投資

のために日本企業の生産能力が過大になっているうえに、中国をはじめとするアジア諸国から安い輸入品が大量に流入し、モノもまた市場（や倉庫）に溢《あふ》れているからです。デパートやスーパーの投げ売りセールや100円ショップなどを見れば、だれもがそのことを実感できるはずです。

日本国債暴落の恐怖

もうひとつのデフレ要因は、通貨（M）がいくら供給されても、流通速度（V）が上がらないことです。

「通貨の流通速度」とはいったいなんのことでしょう？

あなたが八百屋で大根を売っているとして、どういう理由かわかりませんが、いきなり大根のブームが到来し、ボロ儲けしたとします。あなたは銀行から借金をしてさらに大根を仕入れ、儲けたお金で借金を返し、余った分はそのまま預金しておきます。

次に、あなたが大儲けしたという噂を聞いた別の人が、「オレだって金持ちになりたい」と登場し、銀行からお金（すなわちあなたの預金）を借りて八百屋をはじめます。この新規参入者もまた成功したとすると、借金を返した残りの利益はやはり銀行に預金され、そこに彼らの成功を聞きつけた第三の参入者がやってきて……という具合に、「銀行－八百屋－消費者」の間をお金が回転しはじめます。その回転のスピードが、簡単にいうと、貨幣の流通速度なわけです。

ところが現在の日本経済では、いくら日銀が通貨を供給しても流通速度が上がりません。それはひとつには、あまりに景気が悪すぎて、「カネを借りて商売しても成功しそうもないなあ」と、銀行から融資を受ける人が少なくなってしまったからです。もうひとつは、同様にあまりに景気が悪すぎて、ヘタにお金を貸しても返してもらえない可能性が高いので、銀行が貸出に慎重になっているからです。

これは「ニワトリが先かタマゴが先か」みたいな話ですが、前者に視点を置くと、「銀行は優良貸出先がなくて困り果て、しかたなく国債を買っているから、国債価格が高騰し、超低金利がつづくことになる」という話になりますし、後者に視点を置くと「銀行の貸し渋りで中小零細企業の倒産件数が激増している」ということになります。

とくに、銀行がせっせと国債を買っているという話は深刻で、このままではいずれ金利が上昇（国債価格が下落）したときに大損してしまいます。かといって、ほかに有効なお金の使い道があるわけでもなく、日本の銀行はまたもやハイリスクな取引に手を出さざるを得なくなっているのです。さらに、日銀が発行した通貨が銀行を経由して国に融資され、非効率な公共事業に流れていくという問題もあります。

国の財政赤字が大きくなると、それだけ多くの国債を発行しなくてはならず、どこかの時点で需給が逆転し、金融市場から「これ以上、国債は買えません。もっと値段を安くしてください」との最後通牒《さいごつうちょう》を突きつけられることになります。こうして起こる近未来の破局をシミュレートしたのが幸田真音《こうだまいん》氏の『日本国債』（講談社）で、発行側の財務省と引受側の債券ディーラーとの駆け引きなど、これまであまり知られていなかった国債の裏側を垣間見ることができます。

デフレ経済では、当然、銀行が担保に取っている不動産や株式の価値も下落しますから、担保に対する貸出額が過大になり、その分、融資を回収しなくてはならなくなってしまいます。これが「不良債権問題」で、なぜこれが底なしの泥沼に日本経済を引きずり込んでいくかというと、借金で首が回らなくなったA社を債権放棄で助けてあげると、それだけ銀行の資本金が縮小し、BIS基準の自己資本比率（8％）をクリアするために、ぜんぜん関係ないB社からお金を返してもらわなくてはいけない、という話になるからです。こんなことをいつまでもつづけていては、金融機能は回復しません。

このように、日本経済に現在起きている事態は、マクロ経済的にはほぼ説明がついています。ただ問題なのは、その処方箋が論者によってマチマチで、そのうえ、どの方策がどんな効果をもたらすか、ほとんど予想がつかないことです。その結果、まったく同じ現状認識を共有していながらも、ある人は「潰すべき銀行は潰し、利益をあげられない企業は市場から退出させろ」といい、別の人は、「もっと税金をつぎ込んで銀行と企業を救うべきだ」と主張することになります。前者がハード・ランディング派で、後者がソフト・ランディング派ですが（実際は、両者を折衷《せっちゅう》した中間派もいっぱいいます）、このどちらが正しいのかは、じつはやってみなければわかりません。

もっとも、これにはしかたのない面もあります。なぜなら市場とは、人間の予測能力やコンピュータのシミュレーション機能をはるかに超えて、複雑怪奇なものとして存在しているからです。だからこそ、一種の現代SF小説として、日本経済を舞台に、多くの作家（経済専門家）が想像力を駆使《くし》することができるのでしょう。

※〈著者注〉日本国の破産や預金封鎖を〝予言〟する本も話題を集めた。もっとも、国債を国内で消化している国は原理的に破産しないし、預金封鎖は憲法で定められた財産権の侵害だからできるはずもない。2004年になって景気回復も本格化し、金融システムも安定して

きた。いずれ、彼ら「予言者」がオカルトの類《たぐい》にすぎないことがだれの目にも明らかになるだろう。

インフレリスクをヘッジする4つの方法

インフレというのは、モノの価値が上がってお金の価値が下がる現象ですから、その対策は、次のようにいくつか考えられます。

①預貯金を取り崩して資産価値のあるモノを買う。

実物資産の代表が不動産ですが、金（Gold）なども根強い人気があります。ハイパーインフレなら、いまや二束三文《にそくさんもん》で叩き売られている絵画やゴルフ会員権、リゾートマンションの価値も上がるかもしれません。

②預貯金を取り崩して株式を買う。

モノの値段が上がるということは、商品を売って利益を得ている企業の名目利益も大きくなるわけですから、インフレに連動して株価も上昇していくはずです。製造業、流通業、不動産業などの株を保有しておけば、インフレリスクをある程度ヘッジできます。

③円預金を取り崩してドル預金をする。

ハイパーインフレでお金（円）の価値が下がるということは、当然、為替《かわせ》は円安になりますから、外貨預金（ドル預金）をしておけば為替差益が期待できます。

④住宅ローンでも教育ローンでも信用取引でも商品先物でもなんでもいいから、とにかく借金をする。

インフレでは借金の実質負担は軽減されていきますから、負債が大きければ大きいほど有利になります。ようするに、自分を日本国やゼネコンと同じ立場にするわけです。

この4つをすべて行えばインフレ対策は万全ですが、しかし問題がないわけではありません。インフレ対策というのは、その性質上、デフレ経済のもとでは逆効果でしかありませんから、予想以上にデフレが長期化すれば大損害を被《こうむ》ってしまうのです。

※〔著者注〕2003年3月から発行が開始された「個人向け国債」は長期金利を基準に半年ごとに金利が変更される変動金利制で、インフレで金利が上昇すれば受け取る利子も増える。債券の価格は金利によって変動し、金利が上昇すれば債券価格は下落するが、個人向け国債は中途換金する場合も実質元本確保（元本から直近2回分の利子が引かれる）という特典が付いている。リスク許容度の低い個人投資家にとっては、インフレ対策としてメリットの大きな商品だろう。

ところで、一般には「インフレ対策には土地をもつのがベスト」と広く信じられています。なぜこのような信仰が日本人の間で広まったかというと、その理由は、135ページの図表⑤を見れば一目瞭然です。

これは1955年を基点に、バブル崩壊後の93年までの約40年間の消費者物価指数（インフレ率）と、①6大都市住宅地価格、②全国市街地価格、③日経平均株価を比較したものです。

これを見ると、戦後高度成長期の40年間に物価が5倍になったのに対し、6大都市住宅地価格は最高値の91年時点で、じつに210倍にも上昇したことがわかります。インフレ率を考慮しても、資産価値は実質40倍を超えていますから、その上昇率はあらゆる資産のなかで飛び抜けています。

こうした数字を目の当《ま》たり《あ》にした日本人は、「土地をもつことこそが大金持ちへの最短コース」だと信じ込み、そこからやがて、「サラリーマン時代に家を買い、定年までに住宅ローンを完済しておけば老後は安心」という典型的な人生設計プランが生まれました。

こうした高度成長期の記憶がまだ残っているからか、インフレの話になると、「だからこそ、住宅ローンを借りて持ち家を買わなきゃいけない」と力説する人がまだいっぱいいます。しかし、こうした主張は本当に正しいのでしょうか。

もういちど図表⑤を見てください。たしかに6大都市圏の地価は他を圧して上昇していますが、それ以外の全国市街地の地価は、株価（日経平均）の上昇率とほとんど変わりません。東京の都心部をはじめとする一等地の不動産を購入するのでなければ、地方や郊外の土地を買うのも、株式に投資するのも、たいして違いはなかったわけです。

だったら建物の価値が減価せず、修繕費などのメンテナンス費用もなく、固定資産税のよ

■図表⑤　地価・株価・物価

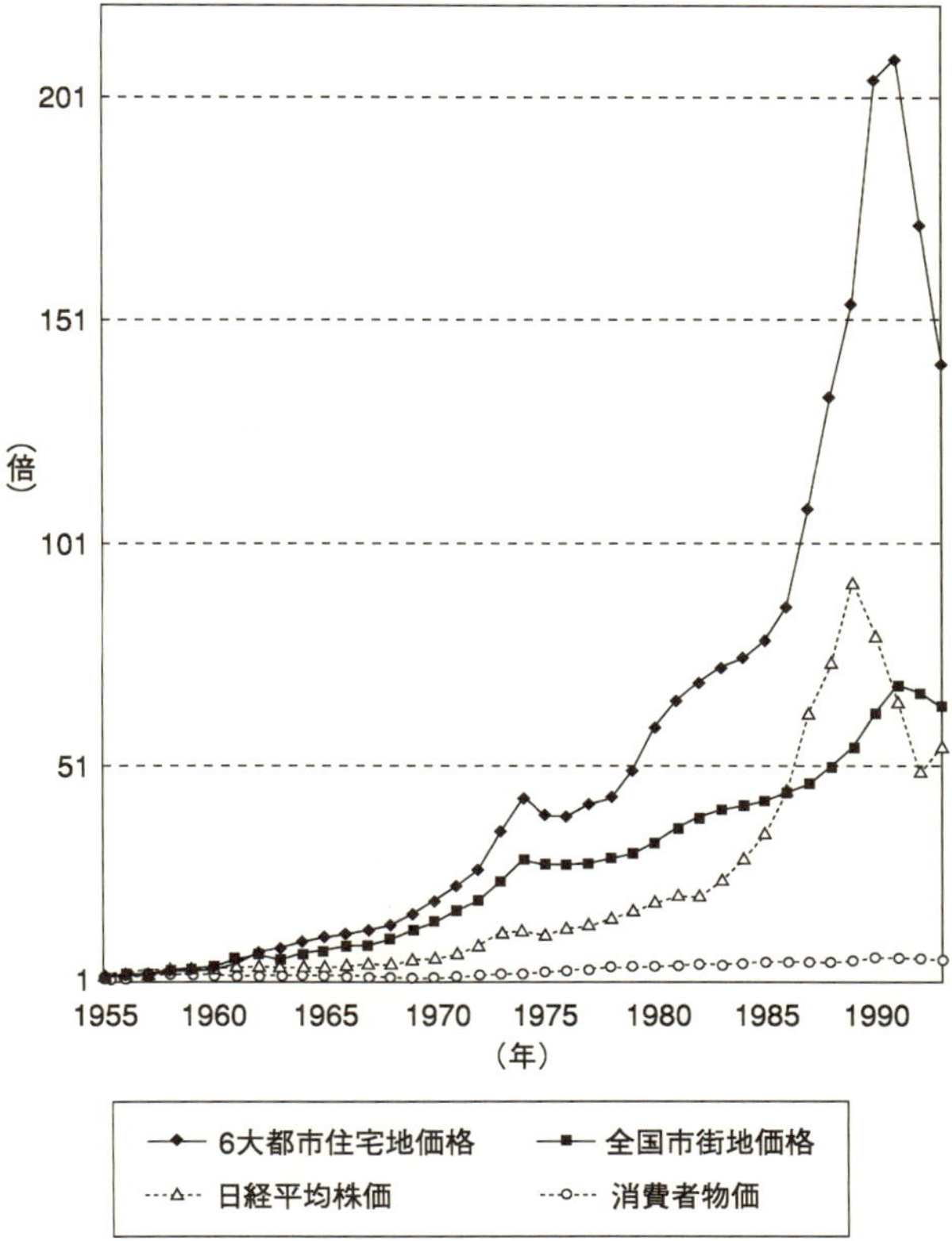

＊地価は日本不動産研究所『市街地価格指数』。株価は日経平均株価。消費者物価は総務庁統計局『消費者物価指数年報』。1955年を1として指数化したもの。

うな資産課税もなく、そのうえ流動性にまさる株式でインフレリスクをヘッジしたほうがずっと有利です。日本人のすべてが土地神話を信じていた70年代、80年代でも、一部の大都市圏を除いて、不動産は絶対的に有利な資産ではなかったのです。

※〔著者注〕最近になって「不動産価格の底打ち」が喧伝《けんでん》されているが、実際に地価が反転したのは東京都心部の一等地だけで、地方の地価は相変わらず下落をつづけている。

「土地こそがすべて」という信仰は、基本的には、１９７０年代から80年代末までの20年間に発生した特殊な現象を前提としていました。今後、仮に新たなインフレが日本経済を襲うことがあっても、そのときの経済環境は大きく異なっているでしょうから、ふたたび不動産がほかの資産を圧して力強く上昇していくかどうかはだれにもわかりません。少なくとも、高度成長時代の土地神話がはるか過去の物語になったということだけは間違いないようです。

インフレに備える3つのポイント

では、いずれは来るであろうインフレに備えて、私たちはどのような準備をすればよいのでしょう? 最後にそのためのポイントを、いくつか挙げておきましょう。

ひとつめは、過剰なインフレ対策をする必要はないということです。マクロ経済の変化には「慣性の法則」が働きますから、今年までひどいデフレだったのに、突然、来年からハイパーインフレになる、などということはあり得ません。そう考えれば、「本格的なインフレ対策は物価が上がりはじめてからで十分」ということになります。

現在のデフレがどこでインフレに転じるかは神様でもなければわかりません。もちろん、日本経済新聞を一生懸命読んでも書いてありません。なぜなら、ほとんどのエコノミストがマクロ経済の転換点を予測することができないからです。

『予測ビジネスで儲ける人びと』(ダイヤモンド社)の著者ウィリアム・シャーデンによれば、高名なエコノミストや経済シンクタンクであっても、もっとも重要な景気の転換点を100%といっていいほどはずしており、そんなものを信じるのなら、新宿駅西口の占い師にでも聞いたほうがまだマシだ、ということになります。

ふたつめは、インフレリスクをヘッジするにしても、流動性の高い資産を利用すべきだということです。予想に反してデフレがつづけば地価や株価は下落し、不況下の円高が進行する可能性がありますから、その際に素早く資産を売却できないと取り返しのつかない損失を被ることになりかねません。

3つめは、貯蓄性の生命保険を利用しないことです。老後に備えて個人年金などに加入する人もいますが、いまからコツコツ積み立てて、20〜30年後に決まった額の年金を受け取るというタイプの商品は、インフレに対してまったく無力です。

同様に、何歳になろうが死んだら保険料がもらえる終身保険や、病気になったら何歳でも保険料が支払われる終身医療保険も、見てくれはいいのですが、将来のインフレを考慮すればほとんど役に立ちません。物価が10倍になったときに1日5000円（現在の価値に換算して1日500円）の入院給付金をもらっても、ぜんぜんうれしくないからです。インフレに無力な保険商品に高い保険料を払うくらいなら、株式や株式投信、外貨預金などを利用すべきでしょう。

最後は、デフレ経済を資産形成に利用することです。デフレ下では貯金をしているだけで資産運用ができる代わりに、現在の売り上げ（収入）を維持・拡大することも難しくなってきます。もしかしたら、リストラされて明日から無職になってしまうかもしれません。

しかしこれを逆に考えれば、デフレ経済下で収入を増やすことができれば、もっとも効率的な資産形成が可能になるということでもあります。なにしろ、稼いだお金を銀行の預金口座にでも放り込んでおけば、勝手に物価が下がって〝実質〟資産が増えていくのですから、こんなにおいしい話はありません。私たちはずっと、「サラリーマンにとってもっとも効率的な資産運用は働くこと」という身も蓋《ふた》もない主張をしていますが、デフレ経済であればあるほど、この戦略は有効になるわけです。

もっとも、日本経済が不況の底深く沈んでいこうとも、1990年代におけるアメリカ市場（とくにナスダック）や2000年初頭の中国市場のように、グローバルな視点で投資対象を探せば資産運用のチャンスはいくらでもあります。そのような機会を的確にとらえることができれば、資産形成にさらに加速度をつけることも可能になるでしょう。

7. 経済的に独立するにはいくら必要か？

1億円あれば経済的に独立できる？

経済的に独立して自由を手に入れるためには、いったいどのくらいのお金を貯めればいいのでしょうか？

正解を最初にいってしまえば、「そんなことは人それぞれだから、自分で好きなように決めてね」ということです。ただしこれではあんまりなので、もうちょっと考えてみましょう。

「経済的な独立」の最低条件は、「ほかからいっさい収入がなくても現在の生活を維持できて、なおかつ将来に対してもなんの不安もない」ことです。そのうえで、自分（夫婦や家族）が好きなことのできる金銭的な余裕があれば、いうことはありません。

ほかに収入がなければ、毎日の生活費はこれまでの貯蓄を取り崩すか、資産の運用益を充てるか、あるいはその両方を組み合わせるか、いずれかの方法しかありません。単純に資産の運用益だけを考えるなら、1億円の金融資産を年5％で運用すれば500万円のキャッシュ（税込み）が手に入ります。これで持ち家があれば、生活にはまず困らないでしょうから、このあたりが平均的な目標になるでしょう。

ところで、1億円の金融資産をもち、その運用益で生活していけば、死ぬときにも1億円の元金と持ち家が残ってしまいます。死んでしまえばお金は使えませんし、天国（地獄）に家をもっていくわけにもいきませんから、これはいかにももったいない、ということに気がつきます。

そうすると、金融資産や不動産資産を少しずつ取り崩していって、死ぬときにちょうど資産がゼロになればいちばんいい、ということになります。不動産の換金方法としては、売却してしまう以外に、信託銀行などとの間で「死んだらこの家をあげる」という約束を結び、返済不要の融資を受けるリバースモーゲージ・ローンなども考えられます。

定年時に必要なのは最低1500万円

ここでは話をシンプルにするために、金融資産だけで考えることにしましょう。また便宜上、インフレ率は０％に設定します（インフレが発生すれば、その分だけ運用利回りも上昇すると考えるわけです）。あなたがいま40歳で、90歳まで生きることにします。そのとき、資産を年５％で運用しながら取り崩していき、90歳でちょうどゼロにするためには、いくらお金を貯めればいいのでしょうか？

ここでも必要な生活費を年５００万円とするならば、これは、毎年５００万円ずつマイナス５％の利回りで積み立てていくのと同じですから、表計算ソフトでちょっと計算すると約９０００万円だとわかります（１４３ページ図表⑥）。「１億円から１０００万円減るだけか。なんかあまり変わらないなあ」といぶかしく思うかもしれませんが、これはリタイアしてからの生存期間が50年と長いからで、同じ90歳の寿命でも、リタイアの時期が遅くなればなるほど、必要な資金は少なくてすみます。

インフレ率を考慮しなければ、これが国の年金に期待せずに「経済的な独立」を達成するためのひとつの目安になります。

この数字を見て、いきなりガックリきた人もいるかもしれません。60歳で退職した時点で8000万円近い金融資産をもっている人などわずかしかいないからです。そこで、もうちょっと楽観的な数字を出しておきましょう。

まず、日本国の年金制度が完全に崩壊するとは考えられませんから、若干減額されて、65歳から夫婦で月20万円（年240万円）の厚生年金が受け取れると仮定しましょう。すると、65歳以降に必要なキャッシュは年260万円ですから、独立のために必要な金額は143ページ図表⑦のように変わります。

さらに、「年をとったら年500万円も使わないよ。高齢者世帯の平均である年360万円（月30万円）で十分だよ」ということなら、必要なキャッシュは年120万円（360万円－年金240万円）になります。

■図表⑥　年間500万円の生活資金を90歳まで賄うための資産（運用利回り５％の場合）

リタイアの年	必要な資産
40歳	9,100万円
50歳	8,600万円
60歳	7,800万円
65歳	7,200万円
70歳	6,400万円

■図表⑦　65歳から年240万円の年金を受け取った場合

リタイアの年	必要な資産
40歳	8,000万円
50歳	6,900万円
60歳	4,900万円
65歳	3,500万円
70歳	3,100万円

■図表⑧　65歳から年360万円で生活した場合

リタイアの年	必要な資産
40歳	7,300万円
50歳	5,800万円
60歳	3,400万円
65歳	1,600万円
70歳	1,400万円

仮に65歳までの生活費を年360万円、年金支給後の生活費を年120万円とすると、必要な資産は図表⑧のようになります。

これを見ればわかるように、もっとも楽観的なシミュレーションでは、65歳時に必要な金融資産は1600万円。よく「退職時には持ち家＋1500万円程度の貯蓄が必要」などといわれますが、それはこういう計算から導き出されているわけです。

65歳で1500万円なら、それまでに子どもを育て上げ、持ち家のローンを完済し、会社からちゃんと退職金がもらえればなんとかなる金額です。逆にいえば、退職時でもローンが残っていたり、子どもの学資が必要で十分な貯蓄ができないという人は、少しまじめにリタイア後の生活のことを考えたほうがいいかもしれません。

しかし、あなたがまだ30代や40代なら（50代であっても）、こんなみみっちい人生設計で満足していてはいけません。まだまだ時間はいっぱいあるのですから、より早くより大きな資産を形成し、経済的な独立を達成したうえで、第二の人生への第一歩を踏み出しましょう。

＊

ここまででわかったことは、経済的な独立に必要な資金の額（たとえば年間５００万円）を決めてしまえば、そのために準備する資産は、運用利回りと余命（生存期間）で自動的に決まる、ということです。

経済的な独立に必要な資金＝ｆ（年間生活費、運用利回り、余命）　※ｆは関数

当然、運用利回りが高ければ必要な資産の額は少なくてすみますし、現在の日本のような、雀《すずめ》の涙どころかミジンコの糞《くそ》のような金利で運用すれば、莫大な金額（年金を考慮しない最初のケースで、40歳時点で2億５０００万円）を用意する必要があります。

したがって、資産運用だけで生活していくのなら、最低でも年5%程度の利回りを確保できなければ帳尻《ちょうじり》が合いません。私たちが投資や金融市場について学ばなければならないもっとも大きな理由は、**来るべき独立後に、資産を有効活用して安定したキャッシュフローを生み出すため**なのです。

使わないカネには意味がない

ここまで、経済的な独立に必要な資金は、「運用利回り」と「余命（生存期間）」によって決まることを見てきました。しかし、まだ肝心のポイントが抜けています。

ちょっと考えればわかりますが、人もうらやむ豪邸に住み、毎日、酒池肉林《しゅちにくりん》の生活を送ったとしても、一人の人間が使えるお金の量には限界があります。大雑把《おおざっぱ》にいって、10億円もあれば、それ以上いくらあってもたいした変わりはないでしょう。そこで、なにごとも合理主義のアメリカでは、「不要なカネをもっていてもしかたないから社会に寄付するのが当然」ということになります。

たとえば世界一の大金持ちであるビル・ゲイツは、次のようにいっています。

「世界一の長者になったことと（マイクロソフトの）ＣＥＯを降りたことも関係ありませ

ん。どんなに資産が増えても、じつはそのほとんどを医療や教育の分野への寄付で社会に還元するつもりですから。すでに200億ドル以上の自己資産を慈善団体へ回しています。

子どもたち（一男一女）は違う意見をもつかもしれませんが、多額の相続は好ましくありません。つねにチャレンジしつづけることほどすばらしい人生はなく、財産的に普通の社会人としてスタートするほうが子どもたちにとってもいいことだと思います」（「日経ビジネス」2001年1月1日号）

こうした発言が違和感なく受け入れられるアメリカでは、200億ドル（2兆円！）もの寄付をしても、「どうせ自分では使い切れない金なんだから当たり前」ということでだれも尊敬してはくれません。

そもそもアメリカというのは非常に変わった国で、ゼロからスタートして大金を摑《つか》んだ人間だけが〝ヒーロー〟として尊敬される社会です。逆にいえば、親から大金を相続したような子弟は、あからさまではなくとも、アメリカ社会では蔑視《べっし》の対象になります。

お金持ちの子どもも、貧乏人と同様、親の資産には頼らず、まったく異なる分野で、独力で成功しなければ認めてもらえません。アメリカ企業に二世経営者がほとんどいないのも、このような理由からです。

こうしたヘンな社会では、お金持ちの子どもたちは、独特の罪悪感を抱くようになってしまいます。その典型が、極左過激派に誘拐された新聞王の娘が自分も過激派になってしまった「パトリシア・ハースト事件」ですが、ここまで極端でなくても、なに不自由のない生活をしていたお坊ちゃん、お嬢さまがドラッグに耽《ふけ》ったり、ボランティアや社会改革運動、環境保護運動に身を捧《ささ》げたり、世捨て人になったりするケースが続出するわけです。〝正しいアメリカ人〟として生きていくのも、なかなか楽じゃありません。

脱サラして農業をはじめるには

一方、経済的に独立する資金の下限はどうでしょう。人生は人それぞれだし、幸福なんて相対的なものですから、こちらはかなりのところまで下げられます。

たとえば、だれもがいちどはあこがれる田舎暮らしを例にとってみましょう。１９８７年に脱サラし、現在は徳島県で野菜を中心とした有機農業を営む今関知良《いまぜきともよし》氏の『百姓になりたい！』（飛鳥新社）を読むと、田舎での半自給自足生活でも、１ヵ月に20万円（年２４０万円）程度の生活費がかかることがわかります。

それに対して、リタイア後の今関氏の収入は1年目が5万円（！）。徳島に移り、有機野菜の直売が成功してからでも月12万～24万円。経費（約35％）を差し引くと、年間の手取り収入は約150万円ですから、240万円の生活費に対して90万円のマイナスです。しかもこれは、有機野菜の農家として成功した今関氏だからこそ可能な収入で、農業者一人あたりの収入の全国平均年90万円（！）で考えれば、150万円のマイナスになります。日本の農業はまったく儲からないどころか、完全な逆ざやに陥っているのです。

しかし、このようなぜんぜん儲からない農業でも、年金生活者であれば、毎月の生活費（20万円）と年金の額がだいたい釣り合っていますから、家と農地さえ現金で購入できれば、なんとかやっていけます。農地の価格は一概にいえませんが、90年5月（バブル直後）に今関氏が徳島県に160坪の宅地と1反《たん》3畝《せ》の田んぼを購入したときの値段が1200万円だったといいますから、いまなら1000万円あれば十分でしょう。

一方、年金受給年齢よりも早く田舎暮らしをはじめようとすると、農業収入の不足分を手持ちの資産で補填《ほてん》しなければならなくなります。仮に40歳で農業生活に入り、65歳までの15年間、毎年150万円の生活費を補おうとすると約2000万円（運用利回り5％）の金融資産が必要で、これに土地の購入代金1000万円を加えると、最低でも3000万円の貯金がなければ田舎での「赤貧《せきひん》」生活はスタートできません。そのうえこの試算では、年金をもらえる65歳時点で金融資産がゼロになってしまいますから、あとは毎月の年金の範囲で生きていくしかありません。

脱サラして田舎暮らしをはじめる人が失敗する最大の原因が、生活費と農業収入とのギャップを埋めるだけの資産をもたずに、夢とあこがれだけで農業の世界に飛び込んでしまうことです。そのため、せっかく農地を手に入れたものの（現在の日本で農家以外が農地を入手するには、多くの制限があります）生活がなりたたず、夫だけが都会に戻ってアルバイトしたり、妻がパートタイムで働きに出たりするような、なんのために脱サラしたのかわからない結果に終わってしまうわけです。

ただし、「農業で生活費を稼ぐことは不可能だ」とわりきってしまえば、田舎で暮らすほうがずっと安く生活できるため、独立に必要な資金は少なくてすみます。

日本を脱出して海外で暮らすには

ローコスト生活のメリットは、日本以外の、もっと物価の安い海外で暮らすことを選択肢に入れるならば、さらに大きく生かすことが可能になります。

たとえばアジア経済危機と政変で通貨が暴落したインドネシアの場合、ちゃんとした食堂でミゴレン（焼きそば）やナシゴレン（焼き飯）を食べても5000ルピア程度ですから、日本円にして約50円。駐車料金が時間無制限で300ルピア（約3円）、タクシーの初乗りが2000ルピア（約20円）といいますから、日本と比べて物価は10分の1以下です。そうなれば当然、経済的に独立するための資金も10分の1でよく、日本円で1000万円（約10億ルピア）もあれば一生遊んで暮らせる計算になります。

実際、バリ島などには、有り金残らず現地の銀行に預けて、その金利収入だけで暮らしているグウタラな日本人がけっこういます。現地の銀行が潰《つぶ》れなければ（このリスクがかなりあります）、これはこれでなかなか優雅な生き方です。ただし、どんなにバリ島が好きでも、何年も住んでいると退屈で耐えられなくなる人も多いようです。そのとき資産のすべてがルピアだと、次の人生設計に苦労することになるでしょう。

最近、定年後にタイで一人暮らしをはじめる日本人男性が増えています。そのなかには、定年をきっかけに奥さんから離縁を申し渡され（いわゆる退職サラリーマンの「粗大ゴミ化）、子どもも独立して天涯孤独の身となってしまった人たちもいます。こうした寂しい男性たちが、物価も安く、人情に厚く、そのうえわずかなお金で若い女性を〝雇用〟することのできるタイに移住し、第二の青春をはじめようと考えるわけです。

また日本の高齢者には、フィリピンも人気です。フィリピンはアジアのなかで、香港やシンガポールと並んで英語が通じる数少ない国で、そのうえ貧富の格差が大きいので、それなりの資産をもっていけば快適な暮らしを実現することも可能です（フィリピンの高級住宅地は鉄条網で囲まれ、ゲートには機関銃を構えたガードマンが常駐しています。日本円で5000万円もあれば、こうした住宅地にプールつきの豪邸が建てられます）。

そのうえ、富裕層を顧客とする病院の専門医はアメリカで高度な先端医療教育を受けており、日本の一般病院よりもレベルの高い治療が受けられますし、人件費が安いので、看護婦（看護士）などから十分な介護サービスを受けることも可能です。そのため、ボケて寝たきりになった親をフィリピンの病院に入院させるために家族で移住する人もおり、なかにはカルチャーショックのために病状が改善した例もあるとのことです。

それ以外にも、カナダやオーストラリア、ニュージーランドなど、物価が安く、環境がよく、言葉の問題が少ない（英語が通じる）国はたくさんありますから、現役時代にできるだけ多くの国を旅行し、リタイア後は気に入った場所にロングステイしながら、居住先を探してはいかがでしょうか。

日本国籍を維持しつつも国内に住民登録せず、また国内に不動産などの資産を所有せず、

1年の大半を海外で暮らせば非居住者となり、日本国内の税制にしばられることがなくなります。また居住先を所得税や資産課税のないタックスヘイヴンにしたり、複数の国を3～4ヵ月ごとに移動することで、どこの国の居住者にもならないPT（Perpetual Traveler＝永遠の旅行者）として、合法的にリタイア後の税コストを大きく引き下げることも可能です。

なお、日本人にもっとも人気のあるハワイ（アメリカ）は、旅行やロングステイ（3ヵ月以内の滞在であればビザ免除）にはよいとしても、グリーンカード（永住権）の取得が困難で、リタイア後の移住先としては現実的ではありません。

こうした海外居住のノウハウや、日本と海外の税制の違いを利用した合法的な税コスト軽減法も、人生設計の有効なツールとなるでしょう。

人生の目標

人生の目標がはっきりしていれば、そのために必要な資金の額も確定できますから、人生設計が非常にすっきりします。しかし、だからといってだれもが「私はなんのために生きるのか？」という問いへの答えをもっているわけではありません。

現実にはほとんどの人が、「幸福なんて難しいことはよくわからないけど、不幸よりはよさそうだから、とりあえずお金を貯めておこう」と思い、それなりに余裕ができると、世間一般で「幸福」とされていることをやってみるだけで終わってしまいます。豪邸を建ててみたり、最高級のベンツを乗り回してみたり、夫婦で豪華客船世界一周の旅に参加したり、そういうことをいっているわけですが。

もちろん、赤の他人に「あなたの幸福は間違っている」などという権利はないわけですし、そんな野暮《やぼ》なことをするつもりも毛頭ありませんが、しかし、幸福とは相対的なものである、ということは知っておいてもいいでしょう。絶対的な幸福、というのもあるかもしれませんが、それは宗教以外にはちょっと考えられません（神の御手に抱かれる、とか）。

結局、ここでいいたいのは、お金はたんなる道具であり、それ自体が幸福をもたらしてくれるわけではないという当たり前の事実です。しかしその一方で、資本主義社会に生きる私たちは、幸福はお金の量に比例するという冷酷な現実もまた、受け入れざるを得ません。お金は幸福を約束してはくれませんが、**お金持ちが幸福になれる可能性は、貧乏人が幸福になれる可能性よりもずっと高い**ことはだれだって知っているからです。しかし日本ではなぜか、こうした〝事実〟をあからさまに口にしたりすると、みんな鼻白《はなじろ》むことになっています。

一方で、幸福が相対的なものならば、置かれた環境が異なったり、本人の価値観が変化することで、不幸が幸福に、幸福が不幸に、簡単に変わってもなんの不思議もありません。ここは重要で、ようするに、お金なんかなくても、本人の意識を変容させてしまえば、だれでも幸福になってしまうのです。それを大規模に実験したのがオウム真理教であり、個人単位でインスタントな幸福を提供するのがヘロインやLSDなどのドラッグです。

このように、資産形成や運用の前提にはつねに、

「あなたにとって、人生をよく生きるとはどういうことか？」

という問いが控えています。

本書で〝幸福論〟を展開する気はありませんが、お金を貯めることが自己目的化してしまわないように、つねに人生の目的を意識しつづけていたいものです。

PART2 ファイナンス編

STEP3 知っていると役に立つ金融市場の知識

8．「金融」ってなんだろう?

私たちが「借金」を学ぶ理由

私たちの事務所の近所に蕎麦屋《そば》ができました。店主は50代半ばで、早期退職制度を利用して脱サラし、長野にある有名な蕎麦店で修業した後、念願だった自分の店を開いたといいます。店主が自慢するだけあって、力のこもった旨《うま》い蕎麦を打つので、ときどき食べに行くようになりました。こぢんまりとした雰囲気のいい店でしたが、席数のわりに従業員の数が多いのが気になりました。

三ヵ月ほどして、従業員の数が半分くらいになり、店主の奥さんが店を手伝うようになりました。半年で従業員はいなくなり、店は店主と奥さんの2人で切り盛りするようになりました。そのころから蕎麦の味が落ちはじめ、自然と足も遠のくようになりました。

ある日、店の前にスモークガラスの黒いバンが乗りつけられているのを目にしました。金髪にダークスーツの男が所在なさそうに運転席で携帯電話を弄《もてあそ》んでいます。何気なく店のなかを覗《のぞ》くと、店主が男たちに囲まれています。全身から暴力の匂いを発する男たちはみな、店主の息子のような年齢でした。

翌日には、店内の備品はすべて運び出され、もぬけの殻になっていました。店の資金繰りに窮して高利の金に手を出し、その返済が滞《とどこお》ったため、賃貸契約を解約させて敷金を差し押さえ、備品を二束三文で売り払ったのです。それでも借金が残るようなら、職を探して働いて返すほかありません。「日本一の蕎麦屋を目指す」という店主の夢は、痕跡《こんせき》すら残さず消えてしまいました。

金を借りた以上、返済するのは当たり前ですから、非は店主にあります。そうはいっても、こんなことで人生をムダにしてしまうのはあまりに虚《むな》しいのではないでしょうか。

私たち日本人は、投資や資産運用についてほとんどなんの知識もないまま社会に出て行きます。しかしそれ以上に、ファイナンス（借金）の世界は無知と偏見が支配しています。

私たちは、「借金は悪だ」と教えられて育ってきました。にもかかわらず、40年もの長期の住宅ローンを組み、年収の何倍もの借金をして平然としています。それ以前に、住宅ローンと賃借料の区別がつかなかったり、ローン返済を貯金の一種と考えている人もいます。

借金は、いますぐ夢を実現するための魔法の道具です。

あなたが時価4000万円のマイホームを買おうと考え、毎年100万円ずつ貯金すれば、購入資金を手にするのは40年後です。住宅ローンという魔法を使えば、その夢を一瞬で叶《かな》えることができます。

同様に、蕎麦屋の店主が脱サラの夢を叶えるためには、定年いっぱいまで会社勤めをつづけなくてはならなかったかもしれません。しかし事業資金を調達できれば、即座に自分の店を構えることができるのです。

このように、ファイナンスは人生設計に決定的な役割を果たすものですが、不思議なことに、多くの人がその事実に気づいていません。借金を借金とも思わず、漫然と金を借りている人もたくさんいます。

資金繰りが苦しくなってから、慌てて運転資金を調達しようと思っても、まともな金融機関は相手にしてくれません。そんなときに、「お困りならいますぐご融資しますよ」と親切に声をかけてくれる業者が現れます。こうした業者は、合法的な上限金利いっぱいの年利30%でお金を貸してくれます。その資金で事業をつづけるためには、年30%以上のペースで成長をつづける必要があります。この不況下で、こんな高成長のビジネスを展開するのは難しいでしょうから、高利の借金に頼った経営はいずれ破綻します。

クレジットカードや消費者金融など、私たちの周りにはファイナンス（借金）の機会が溢《あふ》れています。私たちが暮らす大衆消費社会においては、借金によってインスタントに夢を実現することは正しいことだとされています。しかし、そこにはリスクが隠されていることも知っておかなくてはなりません。

もし蕎麦屋の店主が、ファイナンスについての実践的な知識をもっていれば、開業時にほぼ無利子で事業資金を調達することができたはずです（その方法は後述します）。これなら、彼は余裕をもって店の経営に取り組み、何年か後には夢を実現できたかもしれません。

賢いファイナンスのためには、特別な資格やコネや技術は必要ありません。金融の仕組みさえ知っていれば、だれでも簡単にできることばかりです。こんなことで人生を棒に振るのはバカバカしいと思いませんか？

私たちが「借金」を学ぶ理由はここにあります。

ふつうの人が、金貸しより怖い

ある日、あなたのもとへ見知らぬ男がやってきて、

「私に100万円貸してください。1年後の今日に、10万円の利息をつけてきっとお返しします」

といわれたら、あなたはどうしますか？　金融業というのは、いうなれば、こういうことを毎日やっている仕事です。

このような状況で、お金を貸すかどうかの決め手になるのが信用です。相手の男が信用できそうだったら、思い切って100万円貸してあげるかもしれません。見るからに信用できそうもなかったら、即座に断るでしょう。

ほとんどの場合、見知らぬ人にホイホイお金を貸していたらあっという間に丸裸になってしまいますから、金融業は性善説ではやっていけません。世の中には、ふつうの人のような顔をしながら、借りたお金を自分のものだと思っていたり、約束を守る必要なんかないと考えていたり、返済を求めると脅迫《きょうはく》されたと騒ぎ出したりする人がいっぱいいて、ウカウカで

きないからです。お人よしの金貸しは、必然的に、こうした〝反社会的〟人格をもつ人たちに身ぐるみはがされてしまいます。

シェークスピアの『ベニスの商人』から時代劇の悪徳商人（なぜかいつも越後屋《えちごや》）まで、金貸しは悪者と相場が決まっています。そのため、金貸しと借り手がケンカをはじめると、事情はどうあれ、「金貸しが悪い」という話になりがちです。

1999年の商工ローン・バッシングがその典型で、「目ん玉を売れ、腎臓を売れ」と脅す電話の録音テープがテレビで流されると、大衆のなかに眠っていた金貸しに対する潜在的な憎悪に火が点《つ》けられ、日栄（現ロプロ）と商工ファンド（現SFCG）の、上場会社の社長2人が国会に召喚されて謝罪させられる騒ぎになりました。

しかし世の中というのは一筋縄ではいかないもので、たしかに貸し手の側に問題があるものも多いでしょうが、その一方で、「これって借りたほうが悪いんじゃないの」というケースも、探してみればずいぶん見つかるはずです。商工ローン・バッシングに狂奔《きょうほん》していた〝人権擁護〟に熱心な人たちには想像もできないでしょうが、もともと借りたカネを返す気などさらさらなく、いざとなれば「人権派」弁護士に頼んで自己破産させてもらえれば万事OK、と考える人が、消費者金融や商工ローンに続々とやってきているからです。

バブル期のヤクザは、強欲な不動産賃借人たちとの立ち退き料交渉に手を焼き、「いまじゃ素人さんのほうがよっぽどたちが悪い」と嘆いたものですが、最近では、自己破産という伝家《でんか》の宝刀《ほうとう》を手に入れた素人たちに、悪徳金貸し業者が戦々恐々としているのです。

騙されることを望む人たち

一方で、「信用」は金融機関の側にも必要不可欠です。先ほどの見知らぬ男はじつは金融機関の営業マンで、

「ウチにお金を預けてくれたら、ほかよりずっと有利な金利をつけますよ。いますぐボクに100万円預けてください」

といわれたとしましょう。大手銀行の窓口ならばなかなか有利な提案だと思うでしょうが、パンチパーマの兄ちゃんが聞いたこともない金融機関の名刺をもって自宅を訪ねてきたのなら、「あやしい話かも」と疑ってみるでしょう。これはなぜかというと、金融機関の信用に大きな違いがあるからです。

ところが世の中には、相手の信用よりも欲得を優先させる人がたくさんいます。いちいち具体名は挙げませんが、「なんとか共済」とか「かんとか経済倶楽部」とかの〝教祖〟のセ

ールストークに魂《たましい》を奪われ、欲にかられて大金を預け、全財産を騙《だま》し取られるという事件があとを絶ちません。人口の一定数は、騙されることを待ち望んでいる奇特な人によって占められているのです。

こうした人間心理の〝真実〟を理解している証券会社や先物取引会社の悪徳営業マンは、たまたま〝ネギをしょったカモ〟に出会うと、たいした罪悪感もなく、さっさと丸裸にしてしまいます。なぜそんなことができるかというと、こういうカモは、自分がやらなくても、早晩ほかのだれかの手で丸裸にされることを知っていて、「だったら自分が丸裸にしたっていいじゃないか」という、きわめて合理的な結論に行き着くためです。

もちろん、金融機関を利用する人の大半は、善良で常識的な顧客でしょう。しかしその一方で、世の中にはプロを上回るあくどい素人が一定数いて、金融業者は彼らにカモられているものの、逆に、だれにでもコロッと騙される素人もやはり一定数いるため、彼らの身ぐるみをはぐことでボロ儲けし、業界全体としては帳尻《ちょうじり》が合っている、という身も蓋《ふた》もない構図も見えてきます。

信用を補完する工夫

ところで、いかに世の中にヤクザをカモる強欲な素人がいっぱいいるとしても、「騙されるのが怖いからお金を貸さない」というのでは、金貸しを廃業しなくてはなりません。「話を聞いてみるとなかなか信用できそうだけど、もしかしたらペテン師かもしれない。どうしようかなあ」という人にもお金を貸さないと、日々の生活費を稼《かせ》ぐことができないのです。

そこでほとんどの場合、「あんたの信用が足りない分をなんかほかのもので補ってよ」ということになります。金融業者は、相手の信用を補完するためのさまざまな工夫を生み出してきました。

たとえば、見知らぬ人から「100万円貸してくれ」と頼まれたとき、あなたがまともな知能と最低限の常識をもっているならば、少なくとも次のどれかを提案するでしょう。

①貸してもいいけど、その代わり担保《たんぽ》を出してくれ。

婚約指輪でもロレックスの時計でもゴルフ会員権でもなんでもいいですが、とにかく時価

100万円以上（できれば2割の価格下落を織《お》り込んで時価125万円以上）のものを担保に受け取っておけば、裏切られても元金だけは確保できますから、リスクはほとんどありません。この場合のポイントは、**担保さえあれば、借り手がどんな人間でも（聖人君子でも犯罪者でも）構わない**、ということです。

②貸してもいいけど、その代わり保証人をつけてくれ。

こちらは、商工ローンとか不動産の賃貸などで使われる手法で、親族や知人など、返済能力のありそうな人に借金の保証人になってもらう方法です。保証人にするのにいちばんいいのは上場会社のサラリーマンで、これは彼らがまじめで誠実だから、というのではぜんぜんなく、会社にトラブルがバレるのを非常に嫌うからで、「総務部（人事部）に電話するよ」というだけで、いやいやながらでも借金を立て替えてくれます。

③貸してもいいけど、金利を上げてくれ。

担保もないし、保証人もいないとすると、約束を破って返済されないリスクがかなり高くなりますから、そのリスキーな投資に見合うリターンが得られなければ割に合いません。これは消費者金融（サラ金）の手法で、昨今のように景気が悪いと、貸し手側のリスクが大きすぎて、法律（いわゆる出資法）で定められた上限金利（年利29・2％）ぎりぎりで貸さなければ商売になりません（出資法については後で述べます）。

ただしこの場合は、本人からきちんと元金と利息が回収できなければ元も子もないので、運転免許証などで本人の名前や住所を、住民票で同居している家族の名前と年齢を、戸籍謄《とう》本《ほん》で実家の住所を、社員証で勤めている会社を確認し、年収を知るために源泉徴収票まで提出させるなど、徹底した身元調査を行うことになります。かつては奥さんの実家や子どもが通う学校まで調べあげて、いざとなれば暴力的な資金回収も辞さない恐ろしい世界でしたが、最近では世間の視線も厳しくなってあまり手荒なことができなくなり、大半の金融業者は合法的回収に移行するようになってきました。

実際は、金融業を営《いとな》む場合、この3つのパターンを併用しながら、最小限のリスクで確実に元金と利息を回収できるようにあちこち保険をかけておくことになります。一方で、こうした〝経済合理的〟な行動が顧客の神経を逆なでするため、金融業者への反感が募《つの》るという副作用もあります。知らない人にお金を貸すというのは、なかなかたいへんな仕事なのです。

保証人という「担保」

顧客の資産を担保に取ってお金を貸す商売でもっともよく知られているのは質屋でしょうが、それ以外にも不動産担保ローン（不動産）、オートローン（自家用車）、証券金融（株式や債券などの有価証券）などがあります。ひと昔前はNTTの電話加入権を担保にした小口金融業者がいっぱいいましたが、いつの間にか電話加入権が無価値になってしまったため（なぜだれも文句をいわないのでしょうか？）、現在ではみんな淘汰《とうた》されてしまいました。

担保の代わりに、保証人を立ててお金を貸す商売も広く行われています。信用力の補完機能としては、不動産や有価証券などの担保と保証人は同じものですから、「保証人とは、借り手の人間関係を資産化し、担保として提供したもの」と考えることも可能です。連帯保証人を立てて中小零細企業に資金を融通する商工ローンが国民的なバッシングの標的になりましたが、ビジネスの仕組みとしては銀行の行う不動産担保融資となんら変わりません。

金融機関に担保を提供すれば、信用力が補完された分だけ借入金利は低くなります。保証人制度とは、不動産などの有効な担保をもたない顧客が低利の融資を受けるための合理的な仕組みともいえるのです。「人間関係を担保にする」というと、それだけで拒絶反応を起こす人もいっぱいいますが、そうした先入観から距離をおいて冷静に眺《なが》めれば、「保証人」というのはなかなかよくできた仕組みです。

親兄弟や夫婦ならいざ知らず、第三者が保証人になるということは、借り手に対してそれなりの見返りを期待しているはずです。もちろん、それが友情や信頼の証という満足感であってても、将来の返済を期待しての「貸し」であってもいいのですが、大人の世界はきれいごとだけではありませんから、たいていは仕事の発注やリベートなどの実利がともなって、その損得勘定のうえで保証人になるという選択をしているのでしょう。目論見《もくろみ》どおりきちんと返済が行われさえすれば、借り手は安い金利で資金調達でき、保証人は借り手からなんらかの報酬を得られ、金融業者は元金と利息を回収して適正な利潤をあげられるという、大岡越《おおおかえち》前《ぜん》の「三方一両損」ならぬ「三方一両得」の話になるはずです。

悪名高い商工ローンでも、借り手側の破綻《はたん》率は5〜7%といいますから、単純に考えれば、残りの93〜95%は、その借入に関してはハッピーエンドを迎えているわけです（何度も借入と返済をくり返しているうちに破綻してしまうというケースもあるでしょうから、統計の取り方を変えれば別の数字が出るかもしれません)。べつに商工ローンの肩をもつわけではありませんが、保証人制度に対する一方的な断罪は、こうしたポジティヴな側面を意図的に無視しており、フェアではありません。

実際に自分で商売をはじめると、さまざまなケースで保証人が必要となる場面があります(最初はまったく信用がないので、事務所の賃貸はもちろん、コピー機1台リースするのにも保証人を要求されます)。そのため、たいていの自営業者はお互いにもちつもたれつで保証しあっており、それによって〝タダ〟で関係者全員のコストを引き下げているわけですから、それ自体は悪い話ではありません。

二つ返事で保証人の判を捺《お》し、借り手側の破綻という〝事故〟が発生した場合は問題が起きますが、これはべつに制度が悪いわけではなく、リターン(報酬)にはリスクがともなうという当たり前の話です。保証人のなかには〝人権派〟弁護士を引き連れて堂々と自己主張する人もいますが、これは「証券会社にすすめられて株を買ったら大損しちゃった。私ってかわいそうでしょ。なんとかして!」と泣き喚《わめ》くのと同じで、あまり見栄えのいいものではありません。

十分なリターンが期待できるのなら、資本主義社会に生きる私たちは、敢然とリスクを取りにいく選択をすることもあるでしょう。不幸にして意に添わない結果になれば、契約に従って支払いをするほかありません。しかし〝弱者にやさしい〟日本では、なぜかこうした当たり前の理屈がまったく理解されないのです（ここで紹介した論理は、加納明弘《かのうあきひろ》著、フォレスト出版刊『誰が「商工ファンド」を潰そうとしたか』で説得力をもって展開されています）。

金利のグレーゾーン

不思議の国・日本には、「出資法」と「利息制限法」という、金利を規制するふたつの異なる法律があります。

「利息制限法」では、貸出の基準利率が、元本10万円未満は年20％以下、10万円以上100万円未満は年18％以下、100万円以上は年15％以下と決められていますが、なんの罰則規定もないため、そんな法律を守ろうとする金融業者はほとんどいませんでした。

ところが、大手消費者金融や商工ローンが株式を上場しようというときに、困ったことが起きました。いくら罰則規定がないからといって、利息制限法に反する違法な金利で貸出を行っていたのでは、上場審査をクリアできないからです。

そこで、業界団体がどのような交渉をしたのかは知りませんが、旧大蔵省の通達で「貸し手と借り手がきちんと金銭貸借契約を結んでいて、その後の支払いを任意で行っているのなら、利息制限法の金利を超えても問題ない」ことになっており、現在ではこの法律はますます有名無実になっています。

「利息制限法」の基準金利は、このように合法的に無視することができるのですが、一方の「出資法」には罰則規定があり、違反業者は貸金業の登録を取り消されてしまいます。

しかし、そもそも市場経済の原則からいえば、法律でモノの価格の上限を決めるのはおかしな話です。「大根が高いと鍋物ができなくなってかわいそうだ。法律で、大根は1本100円以上で売ってはいけないと決めよう」というのと同じことだからです。

かつて、この出資法の上限金利は109・5％と、かなり高いところに設定されていました。このくらい上限金利が高いと、「いくらなんでも、社会的に許容できる範囲はこのくらいだろう」という意味では、法で定めても別に問題はないかもしれません。しかしこの上限金利は、1970年代の「サラ金批判」の際に一気に年40・004％まで引き下げられ、99年には、「商工ローン・バッシング」の煽《あお》りを受けて、さらに年29・2％まで引き下げられることとなりました。

一般に消費者金融のようなハイリスクな貸出では、7〜10%程度のデフォルトが発生するといわれています。10〜15人に貸せば一人はお金を返してくれないという世界ですから、改正出資法の上限金利引き下げは、法に則《のっと》って商売していた資金力の乏《とぼ》しい中小の貸金業者の経営を圧迫し、彼らを金融市場から締め出すことになりました。その結果、法律に縛られない闇金融が跋扈《ばっこ》するという皮肉な事態になったのです。

善意の結末

闇金融の世界では、金利はどこまで上がるものなのでしょうか?

これは業者次第なので一概にはいえませんが、高利貸しの代名詞である「トイチ」、つまり10日で1割ずつ複利で利息が増えていくタイプだと、年利換算で金利は2700%になります。最近では「トニ(10日で2割)」や「トサン(10日で3割)」の業者も出てきて、この場合は年利換算で5万9000〜97万%になります。「トサン」の金利というのは、最初に借りた100万円が1年後には97億円(!)になってしまうという恐ろしい世界です。

出資法の改正(上限金利の引き下げ)によって、大手消費者金融や大手商工ローンを除く中小の貸金業者が淘汰されてしまった結果、業界は寡占《かせん》状態に近づいており、これらの大手から融資を断られると、あとは非合法な業者を頼るほかありません。モノの値段に法律で上限を決めるという無謀なことを行ったことのツケは、信用力のない弱者が支払うことになりました。声高な一部の運動家が主張する過剰な「弱者救済」イデオロギーが、ごくふつうに生きている多くの人を苦しめています。

金利が自由化されているアメリカでは、日本でいう消費者金融や商工ローンは「サブプライム」市場と呼ばれ、住宅ローンなどのローン債権の証券化の拡大とともに、1990年代には多くの業者が参入してきました。一般に、このサブプライム市場の金利は15～25%といわれていますから、日本の小口金融とさほど変わりません。このことは、上限金利がなくても、市場で公平な競争が行われるなら、価格（金利）は一定のレンジで収まることを示しています。

同様にアメリカでは、ブルーカラーの労働者や年金生活者向けの短期貸出に特化した金融業者も多く、こちらは「ペイデー・ローン」と呼ばれています。年金や、週給制の労働者の賃金は週末の金曜日に支払われるため、借りたお金を金曜日（ペイデー）に返済するという習慣が生まれたためです。このペイデー・ローンの業界平均金利は500%で、なかには820%もの金利を取る業者もいるといいますが、それでも闇金融の金利よりはるかに良心的です。

このようにアメリカでは、大企業向けの融資を行う大手銀行から、貧しい労働者を相手に短期の生活費を融資するペイデー・ローンまで、あらゆる金利体系のローンが共存しています。日本の場合は逆に、法で上限金利を定めたことで、アルコール禁止が密造酒のブラックマーケットをつくってしまったように、善良な消費者が反社会組織に搾取《さくしゅ》される事態を招いてしまったのです。

※〔著者注〕暴力団の経営する闇金融グループが、100億円ともいわれる莫大な収益をマネーロンダリングしていた事件があった。彼らの商売が大成功したのは、上限金利が引き下げられて以降のことである。暴力団に法外な収益機会を提供したのは日本国政府だった。

借金踏み倒しの論理

バブル崩壊後に銀行が債権放棄でゼネコンや流通大手を「救済」するのを見て、日本の一般大衆は、「借りたカネは返さなくてもいいらしい」ということに気づきはじめました。もちろん担保を取られていれば、借金のかたにマイホームや車をもっていかれてしまいます。サラリーマンなら、給料を差し押さえられることもあるでしょう。しかし二束三文《にそくさんもん》の担保でカネを借り、差し押さえられる資産も定期収入もなければ、怖いものはありません。自己破産の申請をすれば、国家が合法的に借金をチャラにしてくれるからです。

こうして、カードローンや消費者金融で借りたカネをギャンブルやショッピングで使い果たし、自己破産するおいしい〝商売〟が燎原《りょうげん》の火の如《ごと》く広がっていきました。

こうしたモラルハザードが蔓延《まんえん》すると、次のような奇妙な本が書店に並ぶことになります。

『さらば金融奴隷《どれい》』（新潮社）の著者である山口良臣《やまぐちよしおみ》氏（戦後の混乱期に闇米《やみごめ》を拒否して餓死した山口裁判官の子息だそうです）は、独立して出版社を興《おこ》したものの経営に失敗し、資金繰りのために商工ローン、街金融、システム金融から融資を受け、最後には小切手を不渡りにして会社は倒産、本人は自己破産します。その意味では、近ごろのお気楽な自己破産者とはまるで違いますが、ここであえて紹介するのは、山口氏が本書で「私は金融奴隷にされた被害者である」との不可思議な主張を一貫して行っており、それが現在の日本社会の一面を象徴していると思えるからです。

山口氏の主張を整理すると、以下のようになります。

①私がカネを借りたのは、法で定めた上限金利を上回る違法業者であり、契約は無効である。

これは〝被害者〟がよく口にする科白《せりふ》ですが、だからといって、出資法や利息制限法の上限金利で再計算したうえで返済をつづけるという話にはなりません。たいていは、「違法契約だから借金は棒引きで、借りたカネはオレのものだ」という理屈につながっていきます。

②私が闇金融に手を出したのは、そうするほかないような異常な状況に巧妙に追い込まれたからである。断ることのできない契約は「奴隷契約」であり、そんな約束を守る必要はない。

しかし山口氏の本を読むと、金融業者からの電話やＤＭを受けて自分からお金を借りに出かけていったわけで、そのうえ小切手や実印、代表者印などの必要書類も自ら提出し、もちろん賃貸借契約書にもしっかり署名捺印《なついん》しています。これを「奴隷の契約」というならば、そもそも自分に都合の悪い契約はすべて「奴隷の契約」で無効だということになってしまいます。

③街金融からの取り立てで、私の人格や生活・人間関係は崩壊寸前に追い込まれた。私をこのように苦しめるのは立派な犯罪であるから、警察は違法な金融業者を取り締まるべきだ。

この論理が正しいとすると、「私が苦しい思いをしていたらそれはすべて犯罪であり、警察が介入すべきだ」ということになります。みんながこんなことをいいはじめたら、国家が市民生活を徹底的に監視する究極の管理社会が誕生することになるでしょう。

ともかく、こうした摩訶《まか》不思議な論理を駆使《くし》して、山口氏は「確かに私は他人のカネを借り、返済の約束をしたものの、その約束は私を苦しめる〈奴隷の契約〉だから守る必要はない」と主張するばかりか、街金融の若い担当者に向けて説教の手紙を書き送るのです。

「君は、元来は無力な人間でしかない。ただ、ぼくらの小切手を担保にして10日で24%という違法な金利で金を貸しつけるとき、ぼくらの暴君となる。ぼくらを奴隷化し、ほくそ笑む。しかし君ら自身にもまた末路《まつろ》は必ずあるに違いない。こんな形で金をかせごうなどと考えないで、技術を身につけ、汗をかき、働いて金をかせぐことが〈人間らしく〉生きることではないか」

かわいそうなシステム金融

しかし、この程度で驚いていてはいけません。山口氏は最後には、すべての借金をシステム金融に一本化したうえで、不渡りを出して自己破産してしまいます。

システム金融というのは関西からはじまった闇金融の一種で、社判と代表者印を捺した小切手さえ郵送すれば、あとはFAXのやりとりだけでお金を貸してくれる便利な業者です。借り手は、わざわざ街金の事務所に行くこともなく、融資を受けることができます。当然、顧客は倒産寸前の会社ばかりですから、リスクはきわめて高く、それに合わせて金利も月50%超ときわめて高利です。

システム金融の特徴は、めんどうな取り立てをいっさい行わず、預かった利息分込みの小切手をただ銀行に差し入れるだけ、ということです。期日までに小切手を落とさなければ不渡りになるということを利用して、資金回収をいわば銀行に代行させているのです。システム金融は電話とFAXさえあればだれでもはじめられる〝システマティック〟な商売で、街金融に比べても圧倒的にランニングコストが低いため、超ハイリスクでも利益があがるビジネスモデルを開発したのです。

システム金融は、そのとてつもない高利と借りやすさから、「闇金融の終着駅」として、〝人権派〟ジャーナリストや弁護士から厳しい批判を浴びてきましたが、最初にその話を聞いたときから、そもそもこんな商売が成立するのか、非常に疑問でした。なぜなら、小切手1枚で簡単にカネを貸していたのでは、自己破産で借金をチャラにしようという破産予備軍の格好のカモにされるだけだからです。

会ったこともない人間から借りたカネを踏み倒すなら、たいして良心の呵責《かしやく》を感じることもないでしょう。山口氏もこのシステム金融を踏み台にして「金融奴隷」を抜け出したのですが、その主張や行動に共感するのはかなり困難です。

まず、最初から自己破産を目的として融資を一本化するのはそれこそ〝詐欺《さぎ》〟ではないか、という疑問があります。それを山口氏は、「システム金融業者が手形を差し入れるために、手形の期日まで金策に走り回り、生活が滅茶苦茶になった。これは違法なうえに非人間的な所業だから、私がカネを返さなくても文句をいわれる筋合いはない」と正当化するばかりか、銀行員に向かって、「システム金融業者のいいなりになって手形を回すのはけしからん」と抗議さえするのです。

さらに山口氏の本には、次のような記述があります。

「弁護士を頼むにも金がかかる。自己破産するにも金がかかる。金がなくて街金融に駆け込み、彼らへの支払いで苦しみぬいている私にそんな金が払えるわけはない」

では最終的に、山口氏は自己破産するための資金（相場では、弁護士への費用を含めて40万〜50万円）をどのように工面《くめん》することができたのでしょうか？　この本にははっきりとは書いてありませんが、それすらもシステム金融業者から借りたことは間違いないでしょう。ということは、システム金融業者は、自分が貸したお金を踏み倒してもらうために、山口氏に弁護士費用まで融資したことになります。

世の中には、山口氏のような「金融奴隷」を救うために尽力する〝人権派〟弁護士がたくさんいます。しかし、金融奴隷はお金をもっていませんから（だからこそ金融奴隷なわけです）、弁護士報酬を払うことはできないはずです。では、こうした〝人権派〟弁護士はみんなボランティアなのでしょうか？

なかには、そういう奇特な人もいるかもしれません。自己破産の費用くらいは自分で工面しようと、親兄弟に土下座《どげざ》する借り手だって少しはいるでしょう。しかし現実には、弱者の味方であるご立派な弁護士たちが手にする報酬は、そのほとんどが借金を踏み倒される金融業者のカネだということは、弁護士仲間ならだれでも知っている公然の秘密です。

現役弁護士・山口宏《やまぐちひろし》氏は『裁判のカラクリ』（共著、講談社）のなかで次のように告発します。

「つまるところこの市民派弁護士たちの多重債務者問題の解決法は、依頼者を自己破産させることに尽きている。自己破産させてしまえば、これまでのサラ金やクレジット会社などからの借金はすべて帳消しになるからだ。

しかし、問題なのは自己破産させる直前に、

『最後に３００（３００万円）つまんでこい』

と債務者にそれとなく指図《さしず》することだ。かならず３００万円ということはないだろうが、ようするに自己破産させるため、裁判所に納める費用と弁護士費用を、最後にサラ金から借りてこいというわけだ。

債務者にとっては自己破産することが前提だから、３００万円でも４００万円でも新たに借りてくる。２〜３ヵ月後に免責の決定が出るのだから、自分の腹は少しも痛まない。

裁判所もこのところの事情は先刻承知であり、

『最後の借金は裁判所に納める費用と弁護士の着手金です。前もってもらっておきました』と弁護士がいえば、問題にしない」

日本では現在、年間20万件を超える自己破産が受理されています。1件あたりの弁護士費用が50万円なら、総額で1000億円（！）のビッグビジネスです。「困ったらドンドン自己破産しましょう」とあおる弁護士が出てくるのももっともです。

こうして、「闇金融の終着駅」として悪徳業者の代表のようにいわれたシステム金融業者は、自己破産者とそれを〝支援〟する一部の弁護士の食い物にされて、あえなく淘汰されてしまいました。

バブル崩壊後の日本では、大銀行から個人までが凄《すさ》まじいモラルハザードを起こしています。日本の金融危機とは、たんなる不良債権問題ではなく、「借りたカネは返さなくてもいい」「借り手は弱者でかわいそうだ」という風潮が蔓延したことにあります。いくら自業自得《じごうじとく》とはいえ、こんな社会では、まともな金融ビジネスを営むのは難しいでしょう。

9. 信用できる人、できない人

金融業はレンタルビデオ屋と同じ

金融業は「お金のレンタル業」であり、金利とは「レンタル料」のことです。やっていることはレンタルビデオ屋と同じで、貸し出す商品がビデオの代わりに「お金」になり、レンタル料を前金でもらう代わりに、金利として後取りしているだけのことです（商工ローンや消費者金融では利息先取りのケースもかなりあります）。

ただしレンタルビデオ屋では、だれが借りてもレンタル料はいっしょですが、金融業の場合は、相手の信用力を見て、お金のレンタル料（＝金利）を変えています。なぜこんなめんどうなことをするかというと、金融業はあらゆるレンタルビジネスのなかでももっとも歴史が古く、規模が大きく、洗練されているからです。

街のレンタルビデオ屋でも、やろうと思えば、顧客の属性によってレンタル料を変えることは可能です。ビデオを返却してくれなかった客の個人情報から「未返却リスク」を統計解析し、「20代、フリーター、一人暮らし、茶髪」の場合は1泊2日500円、「40代、会社員(上場会社)、家族あり」の場合は100円などと差をつけるのです。経営学的にはこちらのほうがスマートかもしれませんが、個人経営のビデオ屋がこんなことをしてもコストがかかるだけだし、ハイリスクなグループに分類された茶髪のお兄ちゃんが怒り出すでしょうから、十把一からげのドンブリ勘定にしているわけです。

金融業者のレンタル料はずっと昔からリスク分散型なので、街のビデオ屋のような大雑把《おおざっぱ》な商売はしません。当然、顧客のリスク(=信用)によって、細かくレンタル料(金利)を変えることが当たり前になっています。

しかしそのルールはとても単純で、

①信用力が高い(リスクが小さい)=金利が安い
②信用力が低い(リスクが大きい)=金利が高い
③信用力が基準以下(リスクがきわめて大きい)=貸さない

というだけのことです。

金融業のリスクは、「貸したお金が返ってこなくて丸損になる」というきわめて厳しいものですから、あまりに信用力が低い（リスクが高い）客には「貸さない」という選択肢が許されています。レンタルビデオ屋で、週末にAVビデオを借りようとカウンターにもっていったら、「あなたのようなタイプの人はビデオを返してくれない可能性が高いので貸せません」といわれるようなものです。こんな高飛車《たかびしゃ》なビデオ屋があったら、いきなり客と殴り合いのケンカになってもおかしくありませんが、金融業だけでなく、オートリース、不動産賃貸などでも同様の「門前払い」が行われています。なぜなら、これらはレンタルする商品の価値が高く、万一返してもらえないときの損害が大きいためで、こうした高額商品をレンタルするときには、あなた自身の「信用力」が問われるのです。

では金融機関は、どのようにあなたの「信用」を計測しているのでしょうか？

金融の世界の〝前科者〟

見ず知らずの他人の人間性を外見から窺《うかが》い知ることはできません。金融業者の悩みは、まさにここにあります。

そのため金融業界では、顧客の「信用」を判定し、計量化する方法がいろいろと開発されてきました。こうしたノウハウは金融機関ごとに少しずつ異なりますが、基本は同じなので、お金を借りる前に自分の信用力を正しく把握しておくとムダな努力をしなくても済みます。

銀行のカードローンや、クレジットカード会社（信販会社）のキャッシングつきカードを申し込む際に、最初に問題にされるのが、これまでのあなたの返済履歴です。

若いときに犯罪に手を染めた者が老いてから立派な人格者になることもよくありますが、世間の風というのは厳しいもので、前科はいつまでもついてきます。これは、犯罪歴のない人が犯罪に手を染める確率よりも、犯罪者の再犯率のほうが統計的にずっと高いためで、親兄弟ならいざ知らず、前科者を信頼することは非常にリスクの高い行為だということが広く知られているからです。これはもちろん、「一般大衆がそういう色眼鏡で前科者を見るから犯罪者が更生できない」という議論の裏返しでもありますが、事実として、前科者には生きづらい社会が存在することは否定できません。

お金を借りる場合も同様で、金融機関は、いちど返済をすっぽかした人間は、統計的に、何度も返済をすっぽかす確率がきわめて高いと考えます。「あれは若気《わかげ》の至《いた》りでやったことで、いまでは借りたお金をきちんと返す真人間になりました」と窓口で泣いて訴えても、とりあってはくれません。ようするに、前科者と同じ扱いをされるわけです。

ここまで読んで、身に覚えがあってドキッとした人は要注意です。あなたはもう、マトモなところからは借金できない「前科者」になっているかもしれません。

金融機関はどのようにして、あなたの「前科」を知るのでしょうか？　探偵を雇って、毎日あなたを尾行しているのでしょうか？

もちろん、そんなことはありません。種明かしをしてしまえば、金融機関があなたの「前科」を知る方法は非常に簡単で、最多で4種類のデータベースを参照するだけです。これらのデータベースには、あなたがクレジットや消費者ローンを利用した際の契約内容や支払状況、残高など、クレジット取引に関する情報（クレジット・ヒストリー）が記載されています。あらかじめこのデータベースで自分自身の履歴をチェックしておけば、金融機関から自分がどのように見られるのかを知ることができるのです。

この話を聞いて、「金融機関が自分の個人情報を収集するばかりか、勝手にデータベース化して、ほかの金融機関にまで閲覧させているのはけしからん！」と思った人もいるでしょう。

しかし残念ながら、このような仕打ちが許せない人は、金融機関との取引をやめるほかありません。クレジットや消費者ローンの契約書（規約）には、取引の記録が個人信用情報機関に登録されることや、個人信用情報機関の情報が共有されることに同意するとの条項が、その利用目的や登録期間とともに、必ず記載されているからです。

4つの個人情報データベース

金融機関が閲覧可能な個人情報データベースとは、

①全国銀行個人信用情報センター（以下、全銀協＝銀行系ローン）
②CIC（クレジットカードほか）
③CCB（クレジットカードほか）
④全国信用情報センター連合会（以下、全情連＝消費者金融）

の4つです。

あなたがクレジットカードをつくろうとしたり、銀行でローンを組んだり、消費者金融からお金を借りようとすると、金融機関は必ず、このデータベースのいずれか（複数の場合もある）を参照します。こうした借金の個人履歴は、つい最近まで、理不尽なことに本人でも見ることができませんでした。しかしプライバシー保護と情報開示の大きな流れのなかで、「勝手に顧客の個人データを収集しておいて、それを本人にも閲覧させないのはおかしいじゃないか」というもっともな批判が沸き起こり、現在では、本人もしくは本人の代理人にかぎり、閲覧できるようになっています。

各情報会社は、東京のほか、大阪・名古屋など全国の主要都市に事務所を置いているので、平日の1日を潰《つぶ》せば、各社のデータを閲覧することが可能です（CCBは東京と大阪の2ヵ所）。忙しい人は、郵送でデータを送ってもらうこともできます（有料の場合もあり）。ときには誤ったデータが登録されていることもあるので、いちどは確認されることをおすすめします。

また運転免許証などの本人確認書類を紛失し、自分の名義を勝手に使われる恐れがある場合などは、「本人申告」としてその旨を登録しておくことも可能です。

ブラック情報は全金融機関で共有されている

１９８６年に、全銀協（銀行系）、ＣＩＣ（クレジット・信販系）、全情連（消費者金融系）の３つのデータベースを連結し、延滞等の事故情報を交換するＣＲＩＮ（Credit Information Network）と、官報に公告された破産宣告等の公的記録情報を提供するＰＲＩＳ（Public Record Information Service）のふたつのネットワークを運営するＪＩＣ（Japan Information Center 日本情報センター）が設立され、事故情報や破産宣告などのいわゆる〝ブラック情報〟については、業態を問わず、ほぼすべての金融機関にその情報が流れるようになりました。

こうしたブラック情報のうち、ＣＲＩＮで流通する延滞などの履歴は最長７年（通常の延滞などは５年、貸し倒れなどの記録は７年）、ＰＲＩＳで流通する破産などの履歴は最長10年間、保存されることになります。この期間をすぎれば忌《い》まわしいデータは抹消されますから、その後はお天道《てんとう》様のもと大手を振って歩けます。そうはいっても、５年や10年というのはそうとう長い〝刑期〟なので、こんなことで前科者にならないよう注意するにこしたことはありません。

個人信用情報を閲覧しに行くと、社会生活を送るうえでいかに信用が大切か、いい勉強になります。銀行からローンを断られたり、クレジットカード会社から門前払いされた人たちが、慌てて個人情報を閲覧しにやってきて、過去の延滞記録がしっかり記載されているのを見て大きな溜め息をついている場面にしばしば遭遇するからです。住宅ローンを組もうとしたのか、夫婦で肩を寄せ合って、途方に暮れている姿を目にしたこともありました。

ここは強調しておきたいのですが、**事故情報が載っている人には、金融機関は、絶対にお金を貸したり、クレジットカードをつくったりしません。**あらゆる審査のなかでもっとも優先されるのが、過去の返済履歴だからです。

もちろん、たまたま入金日に残高が足りなかったくらいでは、事故として登録されることはありません。事故情報がデータベースに掲載されるのは6ヵ月以上の延滞であり、その前に金融機関から、「お金を返してくれなければあなたの記録をブラックリストに載せますよ。今後、ほかの金融機関からお金を借りたりクレジットカードをつくったりできなくなりますがいいですね」との確認があるはずです。

いったん事故情報が登録されてしまうと、その後で残金を全額支払っても、所定の期間を経るまで記録は抹消されません。いったん登録された情報は、どんなに頼んでも、泣いたり喚いたりしても、取り消してもらえませんから、くれぐれも注意してください。

個人情報を開示してみよう

情報開示の方法はとても簡単で、運転免許証やパスポートなど、本人確認のできる書類をもって事務所の「情報開示センター」に行くだけです（ＣＩＣとＣＣＢでは５００円の手数料が必要）。出かける前に、過去10年くらいに遡《さかのぼ》って、これまでの住所を控えておくといいでしょう。情報が過去の住所で登録されている場合、本人のものかどうか確認できないので、どこでも必ず、「過去の住所を思い出せる範囲でできるだけ書いてください」といわれるからです。

①全国銀行個人信用情報センター

全国銀行協会（全銀協）が、銀行・信用金庫・信用組合・労働金庫・農業協同組合などの加盟金融機関と、銀行系クレジットカード会社・保証会社、住宅金融公庫など１５６１社の会員から提供される個人情報をまとめてデータベース化したものです。住宅ローン、教育ローンからカードローンまで、銀行を通した融資はこのデータベースに掲載されます（法人取引は除く)。カードローンなどに関しては、実際の借入額だけでなく、借入枠(限度額)も記載されます。

全銀協の情報は、返済終了後(あるいは限度額の有効期限満了日)から5年間(毎月の返済・請求・支払いの有無は1年間)、会員(金融機関)がセンターに照会した記録は1年間(会員への情報提供は3ヵ月間)、登録された後に抹消されます。

ブラック情報の登録期間は、延滞または保証不履行などの事実が発生した日から5年間、手形交換所の取引停止処分から5年間、第1回不渡発生日から6ヵ月間となっています。

②C−C

クレジットカード会社、信販会社などの個人情報データベースで、クレジットカードをつくったり、信販会社と割賦《かっぷ》販売契約をしたり、銀行以外のカードローン(消費者金融を除く)を申し込んだり、分割払いで車を買ったりするときには、ほぼ間違いなく参照されます。会員には、信販・専門店会、百貨店・量販店、家電・自動車メーカー系クレジット会社、銀行系クレジット会社、自動車ディーラー、保証会社など約770社が名前を連ねています。

新規にクレジットカードを申し込むと、会員会社がCICにカード申込者の個人情報を照会するため、データベースに「申込情報」が掲載されます。これは本人あるいは加盟会社（登録会社）が個人情報を照会した記録です。カードができてもできなくても、その照会記録（つまりあなたの申込記録）だけはしっかり残されることになります。

会社を転職する前などに、カードがつくれなくなると困ると思って、あちこちのカードをまとめて申し込む人がたまにいますが、そうするとこの「申込情報」が大量に登録されてしまい、それだけでクレジットカード会社の審査担当者は申請を却下してしまいます。借金で首がまわらなくなったあげく慌ててカードをつくり、限度額いっぱいまで買い物したり現金を引き出した後、返済せずに自己破産してしまう確信犯的ローン破綻者がいっぱいいるからです。

この「申込情報」は6ヵ月経つと自動的に消去されます。これを読んで「失敗した！」と思った方は、記録が消える6ヵ月後に優先度の高いカードから1枚ずつ申し込みましょう。

なお、CICに登録された個人信用情報の掲載期間は、ホワイト情報（一般の契約内容など）は契約期間中および完済後5年間、ブラック情報は延滞などの事故発生後5年間ですが、貸し倒れなどの一部は7年間となっています。

③ＣＣＢ

ＣＣＢは個人情報機関セントラル・コミュニケーション・ビューローが２０００年に社名変更したもので、ＣＩＣと同様のクレジット会社を中心とした信用情報データベースです。登録期間は、クレジットを申し込んだ照会記録が6ヵ月、返済完了は完了日から5年間、事故情報は発生日から5年間、貸し倒れなどの一部は7年間でＣＩＣと同じです。

④全国信用情報センター連合会

全国信用情報センター連合会は、全国各地の消費者金融業者が設立した33の個人信用情報センターの連合会ですが、残念なことに、個人情報の記録が手元にありません。本書を制作するために消費者金融のカードもつくってみたのですが、全情連のデータベースには利用履歴しか登録されず、ただカードをもっているだけでは記録が出てこないからです。

どこかでいちど借りれば個人情報記録がデータベースに残されるはずですが、ちょっと考えて、今回はやめることにしました。全情連のデータベース・システムでは、消費者金融に借入枠をもっているだけでは、その事実は当の金融会社以外、だれにもわからないからです。

先にも述べたように、業界間の個人情報データベースのネットワークであるCRINを通して、消費者金融のブラック情報はほかの金融機関でも容易に入手することができます。しかし、だれがどの業者からいくら借りているかなどのホワイト情報は、銀行やクレジットカード会社がどんなに望んでも、これまでアクセスすることができませんでした。こうした利用履歴が消費者金融業者の生命線だったからです。

ところが最近になって、経営不振の消費者金融レイクを外資系のGEキャピタルが買収したり、逆に消費者金融大手のアイフルが信販会社ライフを救済するなど、業界再編・淘汰《とうた》の流れが急になり、この貴重なデータベースが外部に流出しはじめました。さらに2000年12月からは、消費者金融業界を大騒動に巻き込んだテラネットが稼動しはじめ、銀行などの金融機関を除くクレジット会社や信販会社は、テラネットに加入することで全情連のホワイト情報にアクセスすることができるようになったのです。

※〔著者注〕その後、東京三菱銀行がアコムを、三井住友銀行がプロミスを傘下《さんか》に置くことになり、業界再編は大きく進んだ。

このような事情から、現在では、いったん消費者金融を利用してしまえば、その事実はクレジット会社や信販会社などのほかの金融機関にも筒抜けになってしまいます。仮にきちんと返済していても、消費者金融を利用しているというだけで審査が通らないことも十分考えられるので、あえて利用を控えたわけです。消費者金融のカードはいくらつくっても構わないけれど、よほどのことがないかぎり、利用するのは得策ではありません。

自分の「借入枠」を把握しておこう

「個人信用情報に事故情報（ブラック情報）が載っていたら、その時点で審査はアウト」という話をしましたが、延滞などの事故がなければ、無担保でいくらでもお金を貸してくれるのかというと、もちろんそんなことはありません。

ほとんどの金融機関は、本人の年収に対してどのくらいまで融資することが可能か、内規で決めています。会社の売り上げに対して、融資額の上限を決めるようなものです。

この上限は金融機関ごとに異なりますが、銀行のカードローンなどではかなり厳しく、「年収の3分の1（あるいは2分の1）」などと決められています。それに対してクレジットカードでは、この基準はもう少しゆるくなり、販促期間中だと借入枠が年収（売り上げ）を超えていてもカードを発行してくれます。クレジットカード会社の場合、営業上の理由から、できるだけカード発行枚数を増やしたいというバイアスがつねにかかっているからです。

ここで注意しなくてはいけないのは、あなたの借入枠は、銀行のローンや、クレジットカードの「限度額」を合計して計算されるということです。たとえば、あなたがショッピング枠100万円のクレジットカードを5枚もっていて、なおかつそれらをいちども使ったことがなかったとしても、審査担当者はその「限度額」を機械的に足し算するだけですから、「この申込者はすでに500万円の借入枠をもっている」と判断することになります。「ぜんぜん利用してないんだから借入はゼロじゃないか」と反論しても、「その気になれば、いつだって使えるでしょ」といわれてしまうのです。

一方の年収ですが、銀行のカードローンを申し込むときは、原則として、前年度の源泉徴収票のコピーが必要になります。それをもとにして、たとえば年収900万円の顧客ならば、融資枠の上限を年収の3分の1として、300万円と計算するわけです。

このように、融資枠の上限が300万円で、あなたが未使用のクレジットカードですでに500万円の融資枠をもっていると、この時点で審査は却下されてしまいます。こうしたケースでは、使わないクレジットカードをいったん解約して、融資枠を減らしてからあらためて申し込まなければなりません（このあたりの基準は、銀行の融資窓口に電話すると教えてくれます）。

同様に、住宅ローンを組んだり、教育ローンを借りる場合でも、この融資枠が問題となり、「不要なカードをもっているようだから解約してくれ」といわれることもあります。審査の厳しい銀行でお金を借りるためには、不要なカードは解約して、できるだけ身軽にしておきましょう。

ところで、消費者金融会社の個人信用情報データベースの特徴を知っていると、ちょっとした裏ワザが使えます。

たとえばあなたが、どのような理由かは知りませんが、いざというときのために、つねにカードローンで500万円の現金を引き出せるようにしておきたいとします。ほとんど使う予定はないけれど、万が一必要になったら、金利に関係なく即座に用意したい、という種類の資金です。

そんなときは、銀行のカードローンやクレジット会社の借入枠を利用するのではなく、消費者金融10社から各50万円ずつ、計500万円の借入枠をつくってしまいます。もちろんこれは、本当に必要なときが来るまで使ってはいけません。

この状態では、どんなに審査の厳しい金融機関でも、あなたがじつは５００万円もの借入枠をもっていることはわかりません。当然、新しくクレジットカードをつくったり、銀行から融資を受けたりすることも可能です。

ただし、注意点がふたつあります。

消費者金融業者は、使用する予定のない顧客に口座をつくられることを嫌がります（口座管理費だけがかかるわけですから当たり前です）。そのため、借入を前提に口座開設をすすめられることがありますが、このような場合はきっぱり断りましょう。１万円でも借りてしまえばデータベースに記録が残ってしまうからです（大手ではこのようなしつこい勧誘をされることはまずありません）。

もうひとつはＶＩＳＡなどのクレジットカード会社と提携している業者を避けることです。このようなカードは、ＣＩＣなどほかのデータベースに登録される可能性があるからです。同様の理由から、銀行などの金融機関が出資している業者も避けましょう。

できます。

信用力の点数化

金融機関の「審査」にカウントされるそれ以外の個人情報は、だいたい常識の範囲で判断

金融機関は、差し押さえられては困るような資産や給与収入があったり、借金をしていることが会社や家族にバレたりすると都合の悪い人ほど、返済へのモチベーションが高いと考えています。

たまに「平等思想」に毒された人が、「職業や家族構成でカネを貸すかどうか決めるのはケシカラン！」と怒ったりしますが、これは統計的に計量されたリスク（確率）の問題なので、文句をいってもしかたありません。

これらのデータによる信用力の点数化は会社ごとに異なるので、同じ信用力であっても、A社では断られたけれどB社では審査が通ったということがあり得ます（B社がキャンペーン期間中だった場合はなおさらです）。年収制限や借入枠ではっきりした基準をもっているところもあるので、無駄足を踏まないよう、あらかじめ融資担当者に審査基準を聞いておくといいかもしれません。

日本の金融機関は、会社員に甘く自営業者に冷たいという性格が強く、大企業にいた人でも、脱サラして自分で事業を興すと、限度額50万円くらいのちょっとしたクレジットカードでも審査で落とされたりします。こんなことでショックを受けてもバカバカしいので、カードが必要ならサラリーマンのうちにつくっておきましょう。

＊

最後にひとこと。すべての信用情報機関が「プライバシーの保護には万全を期しています」と宣言していますが、インターネットに掲載されている調査会社や興信所の料金表を見ると、「金融機関との取引記録1・5万円。申し込みから3営業日後」などと公然と書いてあります。これはようするに、業者間で個人の信用情報が大量に売買されているということです。

たった1万5000円でだれでもあなたの信用情報を知ることができるのであれば、ヘンな記録を残しておくと、就職や結婚にも影響を及ぼしかねません。ますます、自分自身の信用情報を管理することが重要になってきているのです。

※〈著者注〉個人の信用情報の流出疑惑は、調査会社に依頼し、自分で自分の信用情報を調べてみることで確認した。詳細は拙著『得する生活』（幻冬舎）参照。

10. 金利とはなんだろう？

金利はどのように決められるか？

金利という「レンタル料」は貸し手と借り手の関係によって変幻自在なので、下はゼロ（無利子で貸してあげる）から上は無限大まで、理屈のうえではどんな料金（利率）もあり得ます。しかし金融業も、金融市場でお金という商品を貸借しているわけですから、そのときどきの需要と供給によって自然に（アダム・スミスのいう「神の手」によって）それなりのレンタル料が決まってきます。一社だけバカ高い金利をつけていても、そんなお店ではだれも商品を借りようとは思わないので、値下げするか、潰れるかするほかないからです。

では、そのときどきの金利はなにを基準にして決められるのでしょうか？

一般に金利は、中央銀行が決める公定歩合と、金融市場が決める短期金利や長期金利が基準となります。

公定歩合というのは、中央銀行が民間銀行にお金を貸すときの金利で、国家が決めた基準金利です。日本は現在、人類史上まれに見る低金利政策を実行中なので、公定歩合も0・01%と、とうとう虫眼鏡で見なければわからないような水準まで下がってしまいました。

金融機関が破綻したときに「日銀特融」という緊急融資が行われます。中央銀行は相手が破綻していようがなんだろうが、いつでも好きなだけお金を貸すことができます。これがラスト・リゾート（最後の貸し手）としての中央銀行の機能で、なんでこんな大胆なことができるかというと、中央銀行は印刷するだけでお金をいくらでも用立てることができるからです。

「中央銀行はお金をいくらでも印刷することができる」という単純な事実から、**お金（貨幣）というのは中央銀行の借用証書にすぎない**という論理的帰結が導かれます。ふつうの借用証書には利息がつきますが、不思議なことに、中央銀行が発行する「貨幣」という借用証書には利息がつきません。これが、貨幣を独占的に発行する国家の大きな利権になっているのです。

日銀のバランスシートを見ると、総資産は約110兆円（2004年1月現在）。そのうち71・5兆円を「日本銀行券」として無利子で資金調達しています（残り約40兆円は日銀当座預金）。貸借対照表では「資産」と「負債＋資本」が必ずバランスしなければなりませんから、日銀も当然、負債（貨幣発行高など）に見合う資産（国債など）を保有しています。負債になっている「貨幣（借用証書）」は無利息ですが、資産になっている国債やCP（コマーシャル・ペーパー）、手形、貸出などからは、利息が発生します。中央銀行は貨幣を発行することで国民から無利子で借金をし、濡《ぬ》れ手《て》で粟《あわ》の儲けをあげることができるのです。これが、中央銀行が貨幣の発行を独占することの大きな特権で、そのため19世紀以降の国民国家は、大も小も争って中央銀行を設立したのです。

市場が決める基準金利

公定歩合が国家（中央銀行）が決める基準金利であるのに対して、短期金利や長期金利は金融市場が決める金利です。

短期金利は、金融機関同士が短期（通常、翌日返済＝オーバーナイト）の資金を貸し借りするコール市場で決まります。日本の場合、この短期金利は、日銀の超金融緩和《かんわ》政策で0・001％まで下がってしまいました。一方、日銀からの融資金利である公定歩合は0・1％ですから、短期金利と公定歩合との差（スプレッド）0・009％が、市場から相手にされなくなった金融機関が支払わねばならない「懲罰金利」ということになります。

日銀は現在、「ロンバート型貸出」という制度を実施しており、短期金利が公定歩合まで上昇すると自動的に貸出を実行することになっています。したがって、短期金利が公定歩合を超えて上昇することはありません。

一方、長期金利は、10年ものの国債価格を基準に債券市場で決められます。債券市場の参加者は、将来のインフレ率や金利の動向を予想して、金利が下がると思えば国債を買い、金利が上がると思えば国債を売ります。このように長期金利は、国債価格と完全に連動しており、

①国債の価格が上昇すれば金利は下がる
②国債の価格が下落すれば金利は上昇する

という関係にあります。

長期金利は、基本的に、債券市場における市場参加者の自由な売買によって決められます。公定歩合の決定やコール市場への資金供給で短期金利を操作するようには、中央銀行が

長期金利を管理することはできません。金利の反転は、必ず長期金利の上昇からはじまるのです。

※〔著者注〕2004年、日本経済の株価上昇と景気回復を受けて長期金利が5年ぶりに2％の大台に近づいた。長期金利が急激に上昇すれば、再建途上の過剰債務企業の経営を直撃するばかりか、金融機関が保有する国債に莫大な含み損が発生する。

プライムレートとTIBOR

公定歩合、短期金利、長期金利以外に、代表的な金利指標としてプライムレートとTIBOR（タイボー）があります。

プライムレートというのは、銀行が財務内容の優れた企業などに融資する際の「最優遇貸出金利」のことで、長期融資の金利を「長プラ」、短期融資を「短プラ」といいます。この長プラや短プラは、かつては日本興業銀行（現みずほ銀行）が、金融債の金利を基準に大蔵省（現財務省）と相談しながら決めており、各行がそれに追随する護送船団方式の典型のような存在でした。しかし、金融ビッグバンの嵐のなかで金融債の魅力が薄れ、長信銀が回復不能の地盤沈下を起こすようになると、従来型の「長プラ」や「短プラ」は存在意義を見失い、現在は、有力都銀が独自基準で決める「変動型長期プライムレート」や、CD（譲渡性預金）などの市場金利をもとに決められる「新短期プライムレート」にとって代わられています。

TIBOR（タイボー）はTokyo InterBank Offered Rateの頭文字をとったもので、国内の金融機関同士が資金を貸し借りするときの基準金利になります。これは各営業日の毎朝11時に、全銀協（全国銀行協会）の決めた18の銀行（邦銀16行、外銀2行）が一斉に対金融機関向けの貸出金利を提示し、高いところの2本、低いところの2本の計4本を除いた14行の金利を平均して計算されます。

TIBORは現在、1週間、1～12ヵ月の計13種類が集計されており、短期・中期の基準金利として広く使われるようになってきました。変動型住宅ローンでも、「TIBOR＋スプレッド」で金利を決めるものが増えてきました。

こうした金利の基本を知っていると、たとえば住宅ローンを組むときに、銀行のローン担当者に、

「変動金利の基準は長プラですか、TIBORですか？　スプレッドはどのくらいで、金利の見直しは1年に何回行われますか？」

などと自然に聞けるようになります。これだけで、相手の態度はずいぶん変わるでしょう。

これらの代表的な金利指標のうち、短期金利（コール金利）、長期金利（10年もの基準国債の価格）、TIBORは各営業日の翌日の日本経済新聞などに掲載されます。日銀が公定歩合を変更すると、新聞の1面で大きく報じられますから、これを見逃す人はいないでしょう。大手都銀による長プラ、短プラの改定も経済紙にその都度掲載されますが、こちらは銀行によって異なる場合もあるので、住宅ローンを借りている人は、取引のある金融機関で確認したほうがいいでしょう。

固定金利と変動金利

住宅ローンを借りるときなどは、銀行の窓口担当者から、固定金利と変動金利のいずれかを選ぶように求められます。現在は、変動金利年2・5％、固定金利（10年）年3・5％程度で、金利だけを比較すれば変動金利が有利に設定されています。

変動金利は、だいたい半年に1回、市場金利（TIBORや長期プライムレート）に合わせて金利が改定されていくので、ひとたび金利が上昇をはじめるととめどもなく返済金額が膨《ふく》れあがってしまう恐れがあります。それに対して固定金利は、その期間内にどれだけ金利が上がろうとも、最初に決めた支払額が変更されることはありません（10年後には、その時点の市場金利に合わせて貸出レートが見直されます）。これはようするに、変動金利（2・5％）に、金利上昇時のリスクを回避するための保険料1％を加えたら固定金利（3・5％）になった、ということです。

それに対して、「多少は金利が上がってもいいから、もうちょっと〝保険料〟を安くしてよ」と考える人もいるでしょう。そういう人のために開発されたのが「上限金利付変動金利」で、たとえば「期間10年・上限利率4・5％なら変動金利2・8％」などとなっています。

これは、「一般の変動金利と同様に半年に1回、市場金利に合わせて返済額を見直すものの、いくら金利が上昇しても、上限利率である4・5％以上は払わなくていい」というタイプのローンです。これは、変動金利のメリットを享受しながら、最悪の場合の返済額が確定できるなかなか便利な仕組みですが、そのために支払う保険料が変動金利（2・5％）＋0・3％というわけです。

ここでいう「保険料」は、金融の世界では、デリバティブを使って計算されます。ちょっと専門的にいうならば、固定金利の住宅ローンは「金利スワップ」を使い、上限金利付変動金利は「金利オプションのプット」を買っているわけですが、このあたりの説明は本書ではしません。

よく「固定金利と変動金利はどちらが有利か?」と質問する人がいますが、「保険料」の価格が市場で適正に決められているのであれば、契約時点での有利不利はありません。今後、金利が上昇していくならば固定金利が有利ですし、この先10年以上、現在のような低金利がつづくのであれば変動金利のほうが得だというだけの話です。

固定金利や上限金利付変動金利の「保険料」は、融資する金融機関が、将来の金利上昇リスクを見込んで勝手に決めています。ここに金融機関の過大な手数料が紛《まぎ》れ込んでいると、借り手側はその分だけ損をすることになってしまいます。

金融市場における適正な保険料を知るためには、金利スワップのコストや、金利オプションのプレミアム（オプション料）を計算しなくてはなりません。やってやれないことはありませんが、一般の個人が、そこまですることもないでしょう。日本の住宅ローンは、住宅金融公庫などの国営金融機関が商売を度外視した低金利の融資を行っているため、民間金融機関もそれに引きずられて出血サービスを余儀《よぎ》なくされており、法外な手数料を上乗せすることができなくなっているからです。

最近では、いったん借入を行った後も、変動金利、固定金利、上限金利付変動金利の3種類のローンを自由に選択できるタイプが主流になってきました。こうした商品では、最初は資金調達コストの低い変動金利にしておいて、市場金利が上昇をはじめたら保険料を払って固定金利や上限金利付変動金利に変更するという戦略も可能です（スイッチングの際の手数料などはあらかじめ確認しておきましょう）。

なお一般の住宅ローンの場合、変動金利のまま金利が上昇しても、毎月の返済額は一定額（当初の返済額の1・5倍）以上は増えない設計になっています。しかしこれは金利に上限がついているわけではなく、たんに返済が先送りになっているだけですから、最悪の場合、返済しているのに借金の額が膨らんでいくだけ、ということも考えられます。ローン報告書を見て愕然《がくぜん》としないように、気をつけましょう。

11．金融業に生きる人々

金融業は「お金という商品」をレンタルする商売

金融業は、お金という〝商品〟をレンタルして金利というレンタル料を受け取る商売です。なぜこんなビジネスが生まれたかというと、ちょっとしたお金が必要になったときに、親兄弟や友人知人を訪ね歩いて無心《むしん》するより、それなりのレンタル料を払って業者から借りたほうが手間も時間も節約できるからです。これはきわめて合理的な経済行為なので、金融業は、交易や売春などと同様に、貨幣の誕生とともに生まれた人類最古のビジネスといわれます。

ただし、どこの世界でもお金というのは「命の次に大事なモノ」とされてきたため、『ベニスの商人』を例に引くまでもなく、利子を取ってお金を貸す行為は、時代や地域を問わず、つねに不道徳な商売として蔑視《べっし》の対象とされてきました。だからこそ、共同体の成員は金融業者になることができず、ユダヤ人のような、どこの共同体にも属さないマージナル（境界的）な人々が厳しい差別にさらされながらも家業として営んできたわけです。

バンクとノンバンク

金融業はまず、銀行（バンク）と銀行以外（ノンバンク）に分けられます。バンクとノンバンクのいちばんの違いは、不特定多数の人からお金を預かることができるかどうかです。銀行免許をもっていないのに、「さあみなさん、私にどんどんお金を預けてください。あっという間に倍にして差し上げましょう」というチラシを街にバラまくと、出資法違反で逮捕されてしまいます。

このように、銀行（バンク）の定義ははっきりしているのですが、ノンバンクは、「銀行以外の、お金を扱うすべてのビジネス」の総称なので、こちらのほうは、「私の商売はノンバンクだ」といえば、その日からノンバンクになるといういいかげんな世界です。ただし、不特定多数の人にお金を貸す商売には貸金業登録が必要で、狭義のノンバンクは、「特定の人からお金を借り（資金調達し）、不特定多数の人にお金を貸す貸金業登録業者」ということになります。お金を貸す相手が個人であれば、代表的なノンバンクは消費者金融やクレジット会社、法人なら商工ローンやリース会社です。

信販会社とクレジットカード

クレジットカード会社や信販会社もまた、カードローンなどのかたちで不特定多数の個人にお金を貸しています。さらには、ショッピングの代金を一時的に立て替えること自体、お金を貸すのと同じことですから、これも立派な金融業です。

信販会社の主な業務はショッピング・クレジットで、高価な買い物（宝石や語学学校の入学金など）に使う分割払いのことです（住宅ローンやオートローンもショッピング・クレジットの一種といえます）。

この分割払い制度を、カードを使って簡単にできるようにしたものが日本信販（ＮＩＣＯＳ）などの「信販系クレジットカード」で、3回、5回、10回（田村正和《たむらまさかず》のテレビコマーシャルでありましたよね）などの分割払いが可能です。これに対して、ＶＩＳＡやＭａｓｔｅｒ、ＪＣＢなどの信販系以外のクレジットカードは、かつては一括払いしか認められていませんでした。これは通産省（現経産省）が、クレジットカードを発行している大手銀行や大手流通業者と中小の信販会社を互角に競争させるのはかわいそうだと、きわめて日本的な規制を行っていたためでした。

しかし、こうした規制は完全に時代遅れですから、クレジットカードも、2回分割払いを経て、1992年に「リボ払い（「1万円」とか「2万円」などのように毎月の支払額を固定させる方式）」が認められ、2001年に銀行系カードにも総合割賦が解禁されたことで、現在ではカード発行主体による機能の違いはなくなりました。

すべてのレンタル業は金融業である

金融業のなかでちょっと異色なのは、リース業者です。なぜリースが金融業なのかは、次のように考えてみるとすぐわかります。

あなたが、十分なお金もないのに見栄のために高級車を買おうとするときに、銀行や消費者金融からお金を借りて、カーディーラーなどの自動車販売店に行って気に入った車をキャッシュで買う、という方法ももちろんあります。あるいは、ディーラー自身が信販会社などと提携して割賦販売のプランを用意しているので、こちらを利用する人も多いでしょう。いずれにせよ、こんな無理をして買った車でも、たいていは5年くらいで飽きてしまい、買い換えることになります。

しかしそんなことなら、その同じ車を、リース業者から5年リースで借りても同じことです。このように、お金を借りて車を買うか、車そのものを借りるかは、話の順序が前後するだけで、まったく違いはありません。

このことから、借金でモノを買う（所有）ことと、モノを借りる（レンタルする）ことは、じつは同じことだとわかります。両者の違いはたんにレンタル期間にすぎず、「**所有とは期間無制限でレンタルすること**」と考えれば、所有はレンタル（リース）の一形態にすぎないともいえるからです。

金融業とはお金をレンタルする商売でしたが、市場経済においてはマーケットで流通するすべてのモノはお金に換算できますから、最初の定義を逆にして、「すべてのレンタル業は金融業である」と言い直すことも可能です。そう考えれば、リース業や不動産レンタル（賃貸）だけでなく、レンタルビデオ屋から貸衣装屋まで、この世に存在するありとあらゆるレンタル業が金融業だともいえるのです。

このように、金融業は銀行（バンク）とノンバンクに分かれ、ノンバンクのなかには、消費者金融や商工ローンばかりでなく、クレジットカード会社や信販会社、リース会社や各種レンタルビジネスまでが含まれることがわかりました。世の中は金融業で満ち満ちているのです。

12. 金融というお仕事

金融業の基本構造は大銀行から街金まで同じ

では次に、金融機関の仕事を簡単に紹介しておきましょう。とはいえ、これはぜんぜん難しいことではなく、突きつめて考えてみれば、金融業者というのは以下のたった4つのことしかやっていません。

ひとつは、「資金調達」です。金融業は他人（個人・法人）にお金という商品を貸して、利子というレンタル料をもらって稼《かせ》ぐ仕事ですから、その元手がなくてはなりません。これは、ふつうの商売では「仕入れ」にあたります。

ふたつめは、「融資先の開拓」（顧客開拓）です。いくら元手がいっぱいあっても、それを借りてくれるお客さんがいなければ、一銭の利益も生まれません。そこで「らっしゃいらっしゃい、ウチのレンタル料はほかより安いよ！」と、一生懸命呼び込みをしなければならないわけです。

3つめは、呼び込みにつられてやってきた客に、本当にお金を貸していいかどうかの「審査」です。ふつうの商売では、客に商品を売ったらそれでお終《しま》いですが、レンタルビジネスである金融業者の場合、一定期間後に預けた商品（元金）を返してもらわなければならないので、だれにでも貸せばいいというわけではありません。

4つめは、商品（元金）とレンタル料（利息）の「回収」です。金融業では、レンタルビデオ屋などと違い、商品（元金）を貸したときの代金（利息）は一般に後払いなので、ちゃんと返済してもらえなければ、たんなるボランティアになってしまいます。そこで、「貸したカネはきちんと取り立てる」という債権回収の汚れ仕事が、どんな金融業にもついて回ることになります。

このように、金融業には「資金調達」「顧客開拓」「審査＝融資」「債権回収」の4つの機能があり、これは大銀行から街金まで同じです。

0・002%の資金調達

金融機関の「資金調達」ですが、これはいわば商品の仕入価格のことですから、安い元手でお金を集められる金融機関ほど、貸出金利も安く設定できます。

この世の中でもっとも安くお金を集める方法は、そのあたりを歩いているおじちゃんやおばちゃんから、0・001%とか0・002%とかの人をバカにしたような金利で預金を集めることです。金融機関にとって、これほど割のいい資金集めの手段はありません。

この世の中で2番目に安くお金を集める方法は、普通預金や定期預金で激安のお金を集めまくった銀行から、卸値《おろしね》で借りる方法です。ただし、「短期金融市場（コール市場）」で行われるこの特権的なお金の貸し借りは、銀行や大手証券会社などのごく一部の金融機関にしか参加が認められていません。

このように、全金融機関のなかで、資金調達面でもっとも有利なのは明らかに銀行であり、格安で商品（お金）を仕入れることができる以上、当然、もっとも安い貸出金利を提示できることになります。

銀行が吉野家になる日

金融機関のふたつめの仕事は「顧客開拓」ですが、銀行というのはじつは、この部分に莫大なコストをかけています。繁華街の超一等地に立派な店舗を構え、ママチャリに乗って小口の集金をする一流大学卒の社員にとんでもない高給を支払っているからです。

金融業もほかの商売と同じですから、こうした間接コスト（販売管理費）を削減できれば、その分、商品の値段を下げることが可能になります。同じ金融業でも、消費者金融や商工ローンなどのノンバンク勢ははっきりいって「3K業種」に近いので、銀行に比べれば、人件費ははるかに安く抑えられます。日本における最大のコスト要因は人件費なので、ここを削れば、仕入値（調達金利）の高いノンバンクでも、ちゃんと利益を出すことが可能になります。

さらにコストを削減するのならば、店舗をもたないインターネット・バンクにするという方法もあります。店舗や人件費などの間接コストが圧縮される分、預金金利の上乗せや貸出金利の引き下げ、送金手数料など各種手数料の割引などで顧客を増やそうとするわけです。

ただし、ネットバンクは広告などのマーケティングにコストがかかり、収益をあげるのに十分な顧客が集まらなければいつまでたっても赤字のままです。

金融業は、一流銀行の店舗で美人の窓口嬢から借りようが、闇金融で怖いヤクザのお兄さんから借りようが、商品（お金）になんの違いもないという際立った特徴をもっています。店のグレードによって商品の質がわかる（ということになっている）一般の小売業とは大きな違いです。そのうえ扱っている商品は、いまではたんなるデジタルデータなので、店舗に行って実際の商品を見る必要もありません。もともとＩＴとは非常に相性のいいビジネスなのです。

インターネット社会では、各金融機関の情報が瞬時にあまねく伝わりますから、必然的に、もっとも預入金利が高い金融機関に資金が集まり、もっとも貸出金利の低い金融機関に借入が集中することになります。最終的には、リテール（小口）の銀行業は、吉野家やマクドナルドと同じようなビジネスになるでしょう。

「審査」は職人芸からマニュアルへ

金融機関の仕事のうち、３つめの「審査」は、もっとも大切なノウハウ部分です。この「審査」と、次に触れる「回収」が、金融ビジネスの根幹をなしているといっても過言ではありません。

「審査」というのは、ようするに、相手の信用力を判断し、その信用力に適した金利（レンタル料）を設定する仕事です。この信用力は、当然、担保（保証人）の有無やその価値によっても変わってきます。

顧客の信用力が高ければ高いほど、安い金利でお金を貸してもきちんと利益をあげることができるし、逆に顧客の信用力が低ければ、その分、破綻リスク（貸したお金を取りっぱぐれる危険性）が大きくなりますから、貸出金利を上げなくては商売になりません。金融機関の審査というのは、こうした信用と金利の微妙なバランスを計算し、リスクを抑えながら確実に収益をあげていくきわめて高度な仕事なのです。

ところが日本の金融機関には、こうした審査のノウハウがほとんどありません。たとえば有担保融資の代表である不動産担保ローンでは、「融資金額は不動産の時価の8割まで」とほぼ一律に決められています。それに、「定期的にローンを返済できる人」という条件で、勤務形態や勤続年数、年収、家族の有無、ほかの借入の有無などを点数化して、融資するかどうかを決めているだけです。こんな仕事なら、アルバイトの高校生だってできそうです。

無担保ローンも同様で、源泉徴収票などで年収を確認し、「年収の3分の1」などの基準で一律に貸出枠を設定し、クレジットカードなどのほかの借入枠を確認したうえで、やはり勤務形態や勤続年数を点数化して融資の可否を決めています。そのうえ、無担保ローンに関しては、ほとんどの銀行が自らリスクを取らず、系列のクレジットカード会社などに丸投げしています。

最近では、消費者金融や商工ローンなども審査がマニュアル化されており、高度なノウハウは必要なくなってきました。シンジケート・ローンなど法人向けの大口融資はまた別でしょうが、少なくともリテール向けの審査に関しては、相手を見て融資条件を決める闇金融業者のほうがよっぽどきちんとした仕事をしています。

金融業の汚れ仕事「債権回収」

金融機関の仕事の最後は「債権回収」ですが、これは現在、日本の金融機関の最大の恥部《ちぶ》になっています。なぜなら日本の銀行にはそもそも融資を回収する機能がなく、大金を借りた人が「景気が悪いから返済をやめた」と開き直ってしまえば、「債権放棄」という名目で、タダでお金をくれてやるしかない実態が白日の下にさらされてしまったからです。

たとえば、適当な儲け話をでっちあげて銀行から100億円借りた人物がいるとします。

この人物が事業や投機に失敗して、借りたカネを全部すってしまった場合、銀行は融資を回収せず、かといって法的整理に踏み込むわけでもなく、「そのうちだれかがなんとかしてくれないかなあ」と、ただおろおろするだけなのです。

「回収」というのは、金融ビジネスのなかで、唯一の汚れ仕事です。しかもその汚れ方は尋常ではなく、どんなエリートサラリーマンでも、「回収」のときだけは、顧客の血肉を啜《すす》ってまでも借金を取り立てる『ベニスの商人』のシャイロックにならなければなりません。人間なんて弱いものですから、ちょっと強引に資金回収しようとしただけで、簡単に首をくくってしまいます。そんな人が夢枕《ゆめまくら》にでも立とうものなら、睡眠不足になって健康にもよくありません。

お坊ちゃま育ちの銀行員は、基本的にこうした汚れ仕事に手を染めません。彼らにできることは、あまり自分の手を汚さずにすむ、担保物件の売却くらいなものです。それも、「借金を返せないならこの家を売却します。さっさと出て行ってください」と面と向かっていうのは勇気がいるので、たいていは弁護士に高い報酬を支払って代行してもらいます。

住宅ローンくらいならちょっと強面《こわもて》の弁護士に頼んで競売にかけて回収することもできますが、たいした担保もないのに融資していたり、収益力のない土地やできてもいないゴルフ場が担保だったりするものは、借り手がバンザイしてしまえば、回収はほぼ不可能です。融資金額が小さければ借り手を自己破産させて損金処理することもできますが、億単位の損失が出るという場合は、そう簡単にあきらめるわけにもいきません。

そこでどうするかというと、驚くべきことに、破綻寸前の借り手に対して、借金の利子分を追加で融資したりします。この追加融資（追い貸し）で借金の利息を払ってもらえば、とりあえずは「正常」貸出先になって、引当金を積んだり、金融庁（以前は大蔵省）の検査でいじめられたり、融資担当者が責任を取らされたりすることがなくなるからです（1997年の金融危機までずっと、銀行は「利息さえ払っていればすべて優良貸出先」という無茶苦茶な理屈で押し通してきました）。

ひどいケースだと、利息分の追い貸しだけでなく、運転資金まで融資していたりします。借り手が破綻してしまうと、強制的に融資の大半を損金処理しなくてはならないからです。

融資の大半が回収できない丸損に近い状態になると、当然、「こんなデタラメな審査をした奴はだれだ！」という問題が発生します。ところが、その融資責任者が現役の頭取《とうどり》だったり、院政をふるう会長や相談役だったりするために、「さわらぬ神に祟《たた》りなし」で、身動きが取れなくなってしまうわけです。

こうして、「銀行から１０００万円借りたら奴隷《どれい》になるが、１００億円借りれば王様になれる」という現実が、国民の間で周知の事実になってしまいました。

※〔著者注〕金融庁の度重なる検査によって、最近ではこうしたあからさまな不良債権隠しはできなくなってきている。ＵＦＪ銀行が金融庁の検査を妨害したとして、経営陣が総退陣させられたことは記憶に新しい。

仕事よりも生命が大事

銀行マンのなかには良心的な人もいて、「借りたものを返さなくてはいけないのは当たり前。弱い者いじめだけじゃなく、すべての債務者から分け隔《へだ》てなく、もっと厳しく回収すべきだ」と行動を起こしたこともありました。ところが、金融機関から10億円とか１００億円とか借金しても平気な人というのは、フツウの人ではないわけで、こうした正義漢《せいぎかん》がやってきても、素直に「一生懸命働いて返します」という話にはなりません。そうかといって、小心者の住宅ローン破綻者や、倒産した中小企業経営者のように、銀行に対する恨み言《うらごと》を遺書に綴《つづ》って首をくくったりもしません。

ではなにが起こるかというと、回収担当者の自宅に深夜に無言電話がかかってきたり、子どもが学校からの帰り道に「知らないおじさん」から声をかけられたりするわけです。当然、奥さんは半狂乱になり、いますぐ部署を移動させてもらえ、それがダメなら辞表を出せ、という話になります。

たいていのサラリーマンは、これだけで戦意を喪失してしまいます。どうせ損をするのは銀行なんだし、前任者の尻拭《しりぬぐ》いのために子どもが登校拒否になったり、奥さんがノイローゼになったのではバカバカしいだけだからです。

もちろん企業組織である以上、現場の担当者が仕事を放棄しそうになったら、上司が厳しく叱咤《しった》激励しなければなりません。しかし、実際にはぜんぜんそんなことにはなりません。上司があんまり無理難題ばかりいっていると、逆ギレした担当者が、どこかのコンビニから匿名《とくめい》で、上司の自宅住所と電話番号に地図までつけて借り手側にFAXしたりするからです。そうすると今度は、上司の家庭が崩壊することになります。平凡な市民の平凡な生活なんて、プロの手にかかれば、簡単に壊れてしまうのです。

ところで、ここでさらにがんばっているとどうなるのでしょうか？

すると今度は、可愛がっていた犬や猫の死骸《しがい》が庭に投げ捨てられていたり、牛や豚の生首が自宅の応接間に置かれていたり、家の前に右翼の街宣車がやってきたりします。完全に映画『ゴッドファーザー』の世界です。こんなにヒドい仕打ちをされても、警察は「民事不介入の原則」とやらで、なにもしてくれません。

ここまでされてもまだ耐えられる人はほとんどいないでしょうが、世の中には使命感や正義感からか、絶対に妥協《だきょう》しない人がたまにいます。ただし残念なことに、世の中の仕組みは個人の正義感だけでは変わりません。そういう人は、殺されてしまうからです。

1993年8月に、和歌山県と大阪南部を地盤にする阪和銀行の副頭取が何者かに射殺されるという事件がありました。この銀行の元頭取は、その後、山口組系暴力団の組長に違法な迂《う》回《かい》融資をしたとして逮捕され、実刑判決を受けています。

さらに翌94年9月には、住友銀行の取締役名古屋支店長が自宅マンションで射殺されるという事件が起きました。住友銀行はかつて、トヨタ自動車の創業期に融資を邪険に断るという大失態を演じたため、トヨタの牙城《がじょう》である名古屋地区ではほとんど出入り禁止に近い扱いを受けていました。そこにバブル経済が到来し、ノルマ達成に苦慮した名古屋支店は、不動産を担保としたハイリスクな融資にのめり込んでいきました。殺された名古屋支店長は、その後始末のために派遣されたのです。

この2件の殺人事件が、不良債権を回収しようという銀行関係者のやる気を根こそぎ奪ってしまったというのは、金融関係者であればだれでも知っている話です。いかに猛烈サラリーマンであっても、仕事よりも自分の生命のほうが大切なのは当たり前です。殺されてしまったのでは、なんにもなりません。

こうして、何百億円もの借金を背負った大口債務者が、ゴルフ三昧《ざんまい》やクラブ通いで悠々自適《ゆうゆうじてき》の生活を謳歌《おうか》するという異常な事態がつづくことになったのです。

※〔著者注〕その後、銀行はこうした不良債権を「バルクセール」と称して二束三文で外資系に売却し、損金処理してしまった。外資系銀行がその債権を借り手に格安で買い戻させると、魔法のように不良債権は消えてしまう。

STEP4 得する借金の法則

13．賢いファイナンス

資産運用に借金を活用する

人生をバランスシート（貸借対照表）で考えれば、その目的は、人生の前半でできるかぎり純資産を増やし、人生の後半では、その資産を有効に活用して（あるいは取り崩しながら）充実した生活を実現することです。家計の基本は、企業経営と変わりありません。

手持ちの現金だけで商売をはじめるのは不可能ではありませんが、それでは事業を拡大し、人材や技術に積極的に投資し、富を創造することは難しいでしょう。賢い経営者は、ファイナンス（資金調達）という名の借金を上手に利用して成長を加速し、短期間に利潤を最大化しようと努力します。同様に、個人の人生でも借金を活用し、経済的独立をより早く実現することは不可能ではありません。

資産運用での借金を「レバレッジ」と呼びます。代表的なのは株式の信用取引で、手持ちの資金に対して2〜3倍のレバレッジがかけられます。あなたが100万円の現金をA株に投資し、株価が倍に値上がりすれば100万円の利益を手にできます。信用取引でレバレッジをかけ、100万円の現金を担保に300万円分を投資していれば、株式の価値は600万円に値上がりするわけですから、利益はなんと500万円です。このように、**借金による レバレッジは投資効率を向上させ、富の蓄積をスピードアップさせるブースター（加速器）**となるのです。

ただし問題がひとつだけあって、逆に株価が下がってしまった場合、同じスピードで損失が拡大してしまいます。仮にA株が半値になれば、現物投資なら50万円の損で済みますが、信用取引で3倍のレバレッジをかけていると損失は150万円で、手持ちの資金（100万円）をすべて注《そそ》ぎ込んでも足りなくなってしまうのです。

資産運用にレバレッジをかける方法は、信用取引だけではありません。よく利用される金融商品としては、商品先物取引、株価指数先物・オプション取引、外貨証拠金取引などがあります（先物取引のレバレッジ率は10倍が基準）。住宅ローンを組んでの不動産投資（いわゆるマイホーム購入）では、通常、5倍程度のレバレッジ（頭金2割）をかけて投資を行います。

不動産を現金に変えるファイナンス

ファイナンス（借金）のもうひとつの利用法は、**固定資産（不動産）を流動化させる**ことです。

日本人の多くは資産を不動産として保有しているので、「資産家」と呼ばれる人でも現金（金融資産）はあまり保有していません。そのため、帳簿上は数億円の資産をもっているはずの人が、年金収入だけでつましく暮らしていたりします。人生はいちどしかないのですから、これはあまりにもったいない話です。

アメリカ社会では子どもに家を残す習慣がなく、不動産は人生を謳歌《おうか》するためのファイナンスの道具と考えられています。彼らは不動産を保有すると、ローンを返済するよりも、それを担保《たんぽ》に金融機関からできるだけ多くの借金をしようと考えます。そのお金で世界中を旅行し、豊かな老後を楽しみ、自分たち（夫と妻）が死んだら不動産を金融機関に渡して借金を清算してもらうのです。

アメリカの住宅ローンはノンリコース（非遡及型《そきゅう》）なので、仮に不動産価格が下落して担保割れを起こしても、ローンの借り主が不足分を支払う必要はありません。不動産市場の下落リスクは金融機関が負っているので、最悪の場合でもマイホームを引き渡してしまえば借金はチャラになり、一から出直すことができます。

このような仕組みである以上、人々が「どうせならできるだけ多く借金したほうが得だ」と思うようになっても不思議はありません。

もちろん、これもいい話ばかりではありません。借金の額が大きくなると、金利の上昇で利息の支払額が膨《ふく》らみ、やがては返済不能になってしまう恐れがあります。こうなると、金融機関はさっさと担保物権を処分してしまいますから、無一文で荒野に放り出されることになりかねません。

金利が安いのがよい借金

このように**借金は、人生設計において毒にも薬にもなる劇薬のような存在**です。使い方によっては、あなたの夢を一晩で実現してくれるかもしれません。あるいは、すべての資産を一瞬で失ってしまうかもしれません。

ところが、どのような借金にも共通する法則がひとつだけあります。

預金は銀行にお金を貸すことですから、経済合理的な預金者は格付けの高い銀行を好みます。ちょっと金利が高いからといって聞いたこともない銀行に大金を預け、そこが経営破綻《はたん》してしまえば、虎の子の貯えがすべて消えてしまうかもしれないからです。

逆にお金を借りるのであれば、貸し主がだれであろうと関係ありません。持ち主によってお金の価値が変わるわけではなく、いったん受け取ってしまえば、貸し主からその使い道をいちいち指示・監督されることもありません（住宅ローンや進学ローンのように、契約時に資金使途《しと》を特定されるものもあります）。

モノやお金の貸借によって、貸し手は「債権」という権利をもち、借り手は「債務」という義務を負うことになります。しかし、債権や債務は社会的（法的）な約束事なので、所有権（物権）よりはずっと弱い権利です。貸し手は借り主の信用を調査しますが、借り手が貸し主に興味をもたない理由はここにあります。

このことから、貸し主が大銀行であれ闇金融であれ、

金利が安いのがよい借金

という法則が導き出されます。企業であれ家計であれ、ファイナンスはもっともコストの安い方法で行うべきなのです。

239ページの図表⑨は、個人が簡単にできるファイナンス（資金調達）を、ジャンルや用途にかかわらずコストの安い順番に並べたものです。以下、具体的に説明していきましょう。

クレジットカード

「クレジットカード一括払い」はマイナス金利の借金です。したがって、借金すればするほど利息が貯まっていきます。なぜこんな不思議なことが起こるのでしょう？

たとえば、「15日締め、翌月10日支払い」のクレジットカードでは、4月16日から5月15日までの利用額を合計し、6月10日に指定の銀行口座から引き落とすことになります。ということは、あなたが4月16日に10万円の買い物をしたとして、その支払いは55日後の6月10

■図表⑨　個人でできるファイナンス

分類	名称	金利
無担保	クレジットカード（一括払い）	−0.5%
投資	先物・オプション取引	0%
担保	銀行預金自動借入（定期預金担保）	0.5%
投資	株式信用取引	2.5%
担保	住宅ローン（変動金利）	2.5%
担保	証券担保金融（国債担保）	2.925%
担保	住宅ローン（固定金利）	3.5%
担保	オートローン	4〜6%
担保	教育ローン	4〜8%
無担保	クレジットカード（リボ・分割払い）	15〜18%
無担保	クレジットカード（キャッシング）	27〜28%
無担保	消費者金融	29.2%
	闇金融	無制限

＊個人・法人への政府系金融機関の融資制度は除く。

日ですから、最長55日間、クレジットカード会社から無利子で10万円を借りていることになります。

このような大盤振る舞いができるのは、クレジットカードにおいては、金利分を含めた手数料を店舗側が支払っているからです。一般に、店側がクレジットカード会社に支払う手数料は3％程度ですから、あなたが10万円の買い物をカードで支払うと、店には9万7０００円、カード会社には３０００円が入ることになります。

それに加えて、カードを利用すると、利用額に応じてポイントが貯まります。ポイント還元率はクレジットカード会社によって異なりますが、標準的な還元率は０・５％で、１万ポイント貯まると５００円の商品券と交換してくれます。ということは、クレジットカードの一括払いは無利子でお金を借りるだけでなく、利用額の０・５％を貯金しているのと同じです。これは現金払いに比べて、はるかに有利な取引です。

支払い方法をリボ払いや分割払いにしてしまうと、15～18％の利息を取られるのでぜんぜん割に合いません。キャッシングの金利はもっと高く、出資法の上限に近い27～28％なので、カードはすべて一括払いにするのが原則です。航空会社のマイレージプランと提携したカードを利用すると、実質１・５％程度の還元率を実現することが可能になります。

※〔著者注〕クレジットカードの詳細については拙著『得する生活』参照。

デリバティブと信用取引

株価指数先物を扱う証券会社に100万円預けると、日経225先物を1枚（倍率1000倍なので、日経平均1万1000円として1100万円相当）を建玉《たてぎょく》することができます。ということは、100万円の証拠金で日経225先物を1枚買い建てるのは、100万円を担保に1100万円の買い物をしたのと同じです。そうであれば当然、この1000万円の借金には金利がつかなくてはなりません。

では、この金利はどのように計算されるのでしょうか？

理論上、先物取引の金利は市場金利に基づいて計算され、先物価格に上乗せされることになります。仮に日経平均（現物）の価格が1万1000円、現在の市場金利が年0・1％とするならば、限月《げんげつ》（精算期日）が1年先の先物の理論価格は、1年分の利息11円（1万1000×0・1％）を加えて1万1011円となり、1枚の建玉につき年間1万円程度の利息を払わなくてはならないはずです。

ところが、理論と現実が一致しないのはどこの世界でもよくあることで、実際には、相場参加者の思惑によって、先物価格は現物価格を中心に上下しますし、場合によっては、現物価格を大きく下回ることもあります。

こうした事情は、商品先物取引や外貨証拠金取引など、ほかの先物取引でも同様です。大豆やトウモロコシなどの穀物商品の場合は、限月が先にいくにしたがって先物価格がきれいに上昇していく（順ざや）ことが多いのですが、金やパラジウムなどの貴金属、ガソリン、ゴムなどの工業製品では、期先（精算日が先）のほうが価格が安い逆ざやになることもたびたびあります。

こうした逆ざや状態では、マイナス金利で借金してガソリンや灯油などの先物を購入できるということですから、それだけを見ればベラボウに有利な取引です。

しかし市場（マーケット）でつけられた価格にはすべてそれなりの理由があるわけで、この場合も、多くの市場参加者が、ガソリンや灯油は今後、値下がりするだろうと考えているわけです。彼らの思惑どおりに将来の価格が下落するならば、ちょっとくらい金利をマケてもらってもなんにもなりません。いずれにせよ、先物の価格は市場に集まる投資家（投機家）の思惑によって決まる部分が非常に大きいため、証拠金以外の借入分は実質ゼロ金利と考えて差し支えないことになります。

このようにファイナンス（借金）の視点から考えると、先物取引はほかの投資手法に比べて圧倒的にコストが安いので、プロのトレーダーは現物市場など見向きもせず、為替《かわせ》・株価指数・国債などの金融先物や商品先物市場でプレイしています。個別株などの現物市場に比べて、実質無利息で高いレバレッジのかけられる先物市場の優位性は明らかなので、アメリカではそのことに気づいた個人投資家（デイトレーダー）たちが、現物株市場からCME（シカゴ・マーカンタイル取引所）上場のナスダックやS&P株価指数先物に続々と移動しはじめているのです。

※〔著者注〕先物・オプションなどのデリバティブに関しては本文中で説明する余裕がなかった。興味のある方は解説書を参照してほしい。

信用取引ってなに？

先物取引ほどではありませんが、株式の信用取引もまた、格安の金利で借金（ファイナンス）できる非常に有利な取引で、その借入金利は2004年現在で年利2・5％程度となっています（証券会社によって若干異なります）。

信用取引というのは、現金や有価証券を担保に、証券会社が最大3・3倍（委託証拠金率

30％）まで株式購入資金を融資してくれる制度です。100万円の証拠金で最大330万円の株式を購入できるのですから、証券会社が230万円のお金を貸してくれるのと同じです。

ここでもう少し細かなことをいうと、信用取引では証拠金には利息がつかず、株式購入代金全体に金利がかかりますから、年2・5％の買方金利でレバレッジを最大までかけた場合、実質金利は3・57％まで上がります。ただし、信用取引で買った株式からも配当が支払われますし、証拠金を株式や債券で代用することもできますから、その配当や利払いで実質利率を引き下げることが可能です。

※〔著者注〕信用取引に関しても、同じく解説書を参照されたい。

住宅ローンと不動産担保融資

無担保融資で実質マイナス金利というクレジットカード一括払いを除けば、一般にファイナンスは担保があるほど有利になります。

代表的な有担保融資というと、①不動産担保融資、②証券担保融資、③自動車担保融資などがありますが、担保が同じなら金利も同じかというと、そんなことはありません。日本では、借金の目的が担保そのものを購入するためか、担保以外の用途に使うためかで金利が異なります。その典型が不動産融資で、持ち家を購入するために住宅ローンを組むのか、すでに返済の終わった不動産などを担保にお金を借りるのかで、金融機関の扱いがぜんぜん違います。

同じ不動産を担保にしながら、なぜこのような不思議なことになってしまっているのでしょうか？　それは、債務者の返済に対するモチベーションが違うと考えられているからです。

あなたが住宅ローンを組んだのは、その家（不動産）を自分のものとして所有したいからで、そのためには毎月きちんと返済をつづけなくては当初の目的を達成することができません。その結果、なによりもまずローンの返済を優先することになります。

一方、親から譲り受けた不動産を担保にお金を借りる人は、このような返済への強いモチベーションがありません。借りたお金をギャンブルなどですってしまった場合、もともと家への執着《しゅうちゃく》があまりないので、「しようがないか。人生こんなもんだよ。この家を明け渡すから好きにしてよ」という話になってしまうかもしれません。

ところが金融機関としては、債務者から担保物件を譲り受けても、じつはぜんぜんうれしくないのです。地価が値下がりして担保価値が融資額に満たなくなった場合はもちろんですが、担保を競売にかければ元金と利息が全額回収できるケースでも手続きには時間もお金もかかるため、下手をすれば持ち出しになってしまいます。担保となった不動産物件にいつの間にか短期賃借権が設定され、右翼や暴力団の事務所になっていたら目も当てられません。

民間金融機関（都銀）の住宅ローン金利は現在、固定金利10年で3・5％前後です。1000万円を貸しても、利息分は年間35万円にしかなりません。しかしこんな金利でも、都銀の資金調達金利は0・1％程度（普通預金なら0・002％）なので、借り手がちゃんと返済してくれさえすれば、そこそこの利益を確保することが可能です。

ただし、これはあくまでも借り手が誠実に返済をつづけてくれた場合です。ひとたび借り手が破綻してめんどうな回収作業が必要になれば、わずかな利幅などあっという間に吹き飛んでしまいます。だからこそ、金融機関側は借り手の返済能力に神経質になるわけです。

日本にモーゲージローンを

日本の銀行は、持ち家の購入や自宅のリフォームなど、不動産を担保にし、なおかつ利用目的が明確な（返済のモチベーションが高い）場合以外は、個人向けの融資に慎重です。返済の終わった（あるいは親から譲り受けた）不動産を担保に、自由に使える数百万〜数千万円の資金を借りようとすると、不動産担保融資を扱う特殊な金融業者を利用するほかありません。なかには悪質な業者も少なくなく、最初から不動産を詐取《さしゅ》する目的で、抵当権を設定したうえで返済不能な高金利の融資を行うなどのトラブルがあとを絶ちませんでした。

返済の終わった不動産を担保に新たに資金調達することを「セカンドモーゲージ」（不動産を担保とした二度目の融資）といいますが、日本では、「ファーストモーゲージ」（持ち家購入のための住宅ローン）が優遇される一方で、事業目的以外の不動産担保ローンはまともな金融機関は見向きもしないという歪《いびつ》な状況がつづいていました。一部の消費者金融がセカンドモーゲージに進出していますが、その金利は年利9〜18%と、住宅ローンに比べてかなり割高です。

高齢化が進むにつれて、日本でもセカンドモーゲージはますます重要になっていくでしょう。不動産以外に資産のない人たちは、老後の生活に十分な金銭的余裕を得るために、自宅を売却するか、自宅を担保に資金調達するほかないからです。そのとき高利でしかお金を貸してくれるところがなければ、あまりにかわいそうです。

年金収入しかない高齢者向けの不動産担保融資の場合、本人には元金や利息を返済する能力がありませんから、最終的には、担保物件を売却して資金回収するほかありません。そのため、持ち家を担保に年金形式で資金を貸しつけ、本人が死亡した時点で抵当権を行使し、不動産を売却する「リバースモーゲージ」が信託銀行などを中心に開発されるようになりました。これはいわば、保険料を持ち家で「物納」してもらう個人年金保険です。

しかしこの方式では、担保物件の値下がりリスクを全面的に金融機関が負うことになると同時に、契約者が長生きすればするほど支払額が増えていくという問題もあり、一般の融資に比べてリスク管理が難しく、実際にはほとんど機能していないのが実態です。

老後の生活にキャッシュ（現金）が必要になっても自宅を売却するほか選択肢がないというのでは、なんのために一生懸命ローンを払いつづけたのかわかりません。最近になって、一部の自治体で、金融機関側のリスクを部分的に行政が負うかたちでのリバースモーゲージが実験的に行われはじめましたが、さらなる金融機関の努力を望みたいところです。

証券金融で証券担保融資

不動産と並ぶ、資金調達におけるもうひとつの代表的な担保が、株式や債券などの有価証券です。これを、「証券担保融資」といいます。

■図表⑩　日本証券金融の貸出金利（2004年7月現在）

担保	金利	融資金額
国債	年2.925%	時価の90%以内
そのほかの債券	年3.425%	時価の80%以内
株式・転換社債・投資信託	年3.675%	時価の65%以内

あなたが株式投資や債券投資をしているのなら、その株券や債券を証券会社から出庫し、証券金融会社（東京の場合は日本橋の日本証券金融）にもっていくと、有価証券を担保にお金を貸してくれます。証券金融会社は民間金融機関ですが、もともとは株式の信用取引を円《えん》滑《かつ》に行うために証券取引所と証券業界が設立した一種の〝業界団体〟で、東京証券取引所の上場銘柄を扱う「日本証券金融（日証金）」、大阪証券取引所の「大阪証券金融（大証金）」、名古屋証券取引所の「中部証券金融（中証金）」の3社があります。

２００4年7月現在、日証金の貸出金利は２４９ページ図表⑩のようになっています。貸出期間は6ヵ月以内で最長2年まで延長可、金利は3ヵ月ごとに前払い、という条件で、証券金融会社だけでなく、証券会社の窓口でも扱っています。もちろん、株式や債券を担保に預けておいても、配当はちゃんと受け取れます。

時価１００万円分の国債を日証金にもっていくと、最大90万円を年利2・925％で、同じく時価１００万円分の上場株式なら、最大65万円を年利3・675％で貸してくれます。こうして借りたお金は、もちろん使途自由ですから、旅行に使おうが、ギャンブルに注ぎ込もうがだれにも文句はいわれません。

オートローン

不動産担保融資、証券担保融資と並んで、もうひとつの代表的な有担保融資に「自動車担保融資」があります。簡単にいえば、車を買うときの分割払い（オートローン）のことで、現在は年利4～6％程度に設定されています。

オートローンは銀行やディーラーで扱っていますが、そのほとんどが信販会社やクレジットカード会社に丸投げされています。なかには内訳を表示しているところもあり、たとえば年利4・5％のオートローンだと、「銀行の融資金利2・5％＋信販会社の保証料2％」などとなっています。銀行から見れば、信販会社に年利2・5％で融資して、顧客の審査や回収をすべてまかせてしまっているということですし、信販会社から見れば、銀行に2・5％を支払って資金調達と顧客開拓をやってもらっていることになります。

夕刊紙やスポーツ新聞の広告欄には「車で融資」の案内がたくさん出ています。これは自動車を担保にした街金の〝セカンドモーゲージ〟で、金利は出資法の上限か、あるいは闇金の青天井《あおてんじょう》となります。こうした広告を見て電話をかけてくる人は、たいていはギャンブルに有り金を突っ込んでいるので、貸したお金を返してもらえる確率がかぎりなく低いからです。

担保としての定期預金と生命保険

有担保ローンのなかでうっかり見過ごしがちなのは、銀行の定期預金を担保にした貸出です。だいたいどこの銀行でも、定期預金の9割までを、普通預金金利＋0・5％程度の金利で貸してくれます。普通預金と定期預金がセットになった総合口座だと、出費が嵩《かさ》むと預金通帳が赤字になってしまいますが、その実体が定期預金担保のローンなわけです。

普通預金金利は現在0・002％程度ですから、ローン金利は＋0・5％で0・502％。あらゆる借金（ファイナンス）のなかでも、これは圧倒的に割安なコストです。なぜこんなに有利かというと、もちろん、銀行の窓口に行って定期預金を解約してしまえば、金利ゼロで必要な資金を入手することができるからです。その意味では、この0・5％というのは、わざわざ定期を解約しに窓口に行かなくてもいいための手数料、と考えることもできます。

もうひとつ、あまり知られていない担保として、生命保険の契約者貸付があります。こちらは保険の積立配当金や解約返戻金を担保に融資を受ける制度で、ローン金利は契約時期によって異なります。バブル期に5・5％などという高い予定利率で募集した保険契約には高い融資金利を設定しなければ割に合いませんし、最近の低い予定利率の契約なら、安い金利でお金を貸しても元が取れるからです。

この契約者貸付の金利は生命保険会社によって異なりますが、大手ではだいたい、予定利率＋0・5％程度という設定になっています。バブル期の予定利率5・5％の契約であれば貸付金利は年6％、最近の予定利率2・5％の契約であれば年3％というわけです。

生命保険契約を担保にしたこうした資金の出し入れは、カードさえつくっておけば、各生命保険会社の支店などに設置されたATMで簡単に行えます。最近では、インターネットから必要な資金を所定の銀行口座に振り込んでもらうこともできるようになりました。こうした契約者貸付は、郵便局が扱う簡易保険や学資保険などでも可能なので、覚えておくといいでしょう。

無担保融資の世界

ここまで借金の担保として、不動産、有価証券、自動車、定期預金、生命保険契約などを取り上げてきました。こうした担保はあなたの信用を補完してくれますから、同じお金を借りるなら、担保をつけたほうが資金調達は有利になります。

ではは担保をもっていないと金融機関はお金を貸してくれないかというとそんなことはなくて、ここから先は無担保ローンの世界になります。

無担保ローンの大きな特徴は、信用力に違いがなくても、ローンの利用目的によって金利が異なってくることです。

無担保で金融機関からお金を借りるときにもっとも金利が低いのが教育ローンで、逆にいちばん金利が高くなるのが、「なにに使ってもあなたの勝手だよ」というフリーローンです。

教育ローンというのは、子どもを私立の学校に通わせたり、大学の入学金や授業料の支払いに充《あ》てる目的で借りる資金です。ではなぜ、この融資金利は低いのでしょうか?

これはようするに、教育ローンを借りる人には家族がいる（当たり前です）ので独身者よりも信用力が高く、また子どもの教育にお金をかける人は、一般に社会的地位も年収も平均以上の場合が多いからです。こういう人は信用力が高いうえに体面（世間体）を気にし、返済のモチベーションも強いので、その分、金利を多少安くしても大丈夫だろう、と考えているわけです。

先にオートローンの金利が年4〜6%と紹介しましたが、完全な無担保融資である教育ローンの金利もオートローンとほぼ同等で、銀行系では年4〜8%となっています（銀行によってかなり差があります）。ということは教育ローンの場合、心理的に借り手の子どもを担保にとっていると考えることもできます。

それに対して、資金使途を決めずに「なんにでも自由に使っていいよ」という無担保のフリーローンの場合、引き出したお金をもって競馬場に行っていきなり全部すってしまうかもしれないので、相当リスクが高くなります。こうしたタイプのフリーローンのなかでもっともハイリスクなのが消費者金融ですが、当然その金利は、出資法の上限に近い年利29%あたりに集中することになります。

この教育ローンと消費者金融の中間に、次のようなさまざまな無担保ローンが位置することになります。

①旅行、結婚、技術・資格の取得など、資金の使い道がはっきりしているローン

こうした目的別ローンでは、教育ローンのような厳密な証明（たとえば大学の入学証明書など）は不可能ですが、旅行や結婚のスケジュール、通っている英会話学校の授業料請求書

などを提出することで、「ちゃんとした目的がある＝ギャンブルなどに使うわけではない＝返済してもらえる確率が高い」という連想が働いて、その分、金利をまけてもらうことができます。

②信用力が高い人向けのフリーローン

「なにに使ってもいいけど、その代わり、信用力の高い人にしか貸さないよ」というローンです。銀行が扱うフリーローン、カードローンなどがこのタイプで、年利7〜10％で融資される代わりに、審査はかなり厳しくなります。クレジットカード会社のなかではもっとも金利の低いオリックスＶＩＰローンカードは、顧客を企業の管理職中心に集めることでリスクを軽減し、年利8・7〜17・6％という金利を実現しています。

③買い物や飲食の支払いのためのローン

これはクレジットカードの分割払いやリボ払い、買い物の際の分割払い（ショッピング・

クレジット）で、「目的別ローン」のようには事前に資金使途がわからないものの、ギャンブルや投資（投機）には使えないため、フリーローンよりはマシということで、現在は年15～18%程度の金利がついています。

クレジットカードの分割（リボ）払いは、もっとも抵抗感の少ない借金ですが、金利で比較するなら、金融機関から借金して買い物したほうがずっと有利なケースがたくさんあります。

＊

マイナス金利から闇金融の青天井まで、個人のファイナンスは多種多様です。そのなかで、自分の目的にかなったもっとも有利なファイナンスの方法を見つけることが、効率的な人生設計においてますます重要になっていくでしょう。

14. 日本国から借りて、税金を返してもらう

国営金融機関が有利な理由

私たちは大根を買うとき、近所の八百屋やスーパーのチラシを見てもっとも安い店を探したりします。そこに国営の八百屋が開店し、近所のどの店よりも安く大根を売りはじめたらどうでしょう? 顧客の目はシビアなので、多少高くても、鮮度や栽培方法(無農薬有機栽培など)を重視するかもしれません。品揃えが充実していなかったり、店員のサービスが悪いと、客は寄りつかなくなってしまいます。小売業は値段がすべてではないので、殿様商売が成功するとはかぎりません。

ところが、大根と違ってお金には個性がありませんから、商品の優劣は価格でしか判断できません。ほかの店よりも有利な条件を提示する国営金融機関があったとすれば、それを利用したほうがいいに決まっているのです。こうして、市場原理で競争する根性のないお役人

たちは、競って国営金融機関を設立しました。

政府系金融機関は、郵便貯金や簡易保険で集めたお金を原資に利益を度外視して商売する素敵なキャラクターの持ち主です。そのなかでももっともよく知られているのが、マイホームを買うときにお世話になる住宅金融公庫で、最長35年までの超長期ローンを、当初10年間は金利2・6％というベラボウに有利な条件で貸してくれます。

なぜこんなことをするかというと、そもそも民間の金融機関よりも貸出条件が悪ければ、住宅金融公庫を利用する人はだれもいなくなって、その存在意義を喪失してしまうからです。これでは住宅金融公庫で働く「お役人さま」たちが失業してしまうので、**どんな場合でも、政府系金融機関の条件は民間金融機関よりも有利に設定されている**わけです。

※〈著者注〉小泉政権の民営化路線で、住宅金融公庫も直接融資から、民間金融機関の住宅ローン債権の買取り機構へと姿を変えることになった。もっとも、これもまた独占事業なので、公庫の既得権益はほとんどそのまま維持されるだろう。

「国の教育ローン」とはなにか?

国民生活金融公庫は、国民金融公庫と環境衛生金融公庫が統合して1999年に生まれた特殊法人で、監督官庁は財務省です。主な業務は、従業員20人以下の小規模企業向け無担保融資ですが、それ以外に「教育貸付」「恩給・共済年金担保貸付」なども行っています。

ここでは、「国の教育ローン」として宣伝している「教育貸付」を例にとって、この国営金融機関の融資条件がいかに法外なものであるか、見ていくことにしましょう。民間の無担保教育ローンの金利が年4〜8％ということを思い出しながら、以下の説明を読んでください。

国民生活金融公庫が提供する教育ローンの金利ですが、2004年6月現在、固定金利で年利1・65％（！）となっています。融資にあたって担保は必要なく、高校生および大学生の子どもがいる親で、給与所得990万円以下（事業所得については770万円以下）であれば、だれでも融資を申し込むことができます。

融資金額は子ども一人につき最高200万円で、高校・大学の入学金や授業料のほか、アパートの敷金・家賃などの下宿代や、6ヵ月以上の留学費用も融資対象になります。

返済期間は最長10年で、さらにこの教育ローンがすばらしいのは、子どもが学校を卒業するまで元金の返済を免除してくれる「据置期間」が設けられていることです。

仮にあなたの子どもが大学に入学し、入学金や初年度の授業料などで公庫から200万円を借り入れることにしたとします。利息は年1・65％ですから、融資額100万円当たり1年間にわずか1万6500円、融資額200万円でも年に3万3000円の利息しかかかりません。大学の在学期間は4年間ですから、最長の10年で返済を行う場合、最初の4年間は利息のみを返済し、残りの6年間で元金と利息を返していけばいいわけです。最初の4年間の返済額は、200万円のお金を借りて、月々わずか2750円（3万3000円÷12）です。

このような条件だと、たとえば次のようなことも可能になります。

あなたの子どもが大学入学の年を迎えたとして、そのために200万円の資金を用意していたとしましょう。あなたは、準備していたそのお金で入学金や初年度の授業料を支払うこともできますが、同時に、国民生活金融公庫に出かけていって200万円の教育ローンを借りるという選択肢もあります。もちろんこのお金は、子どもの教育費に使うと約束したわけですから、入学金や授業料の支払いに充《あ》てなくてはなりません。ところが、そうすると準備していた200万円が浮いてしまいます。

そこで、この余裕資金を投資に回してみてはどうでしょう。運用成績が年1・65％以上なら、たんに貯蓄を取り崩して入学金や授業料を払うよりも、国営金融機関の超低利融資を活用することでみんながずっとハッピーになれます。

また、低利・長期の借入は個人のインフレヘッジとしても有効です。200万円を10年返済で借りて、元金返済がはじまる4年後以降にインフレになっていれば、実質返済額は減っていきますから、そのまま分割払いで返済をつづけることでインフレのメリットを享受できます。逆に4年後に現在よりもさらにデフレになっているのなら、その時点で全額を繰り上げ返済してしまえばいいのです。

※〔著者注〕国民生活金融公庫の教育ローンよりもさらに有利なファイナンス方法として日本学生支援機構の奨学金制度がある。最高月額10万円が4年間（留学の場合は5年間）、無利子で貸与され、返済は卒業後最大20年の元利均等払い。利息は上限3％の変動金利で、現在の金利は年0・5％だ。

国営金融機関の審査基準

国民生活金融公庫から教育ローンを借りるには、近くの支店に行って融資申込書を提出するだけです。その際に、住所確認書類（運転免許証など）、年収証明（源泉徴収票など）、住民票や健康保険証（子どもがいることの証明）、学生証（子どもが在学していることの証明)、高校や大学の合格通知書、入学金・授業料などの費用を証明する書類をいっしょに提出する必要があります。信用調査のため、過去半年から1年分くらいの通帳のコピーで公共料金の引き落とし履歴を確認されることもあります。

このように提出する書類は多いものの、それに反して、「国の教育ローン」の審査はじつはそれほど厳しくありません。なぜなら、国民生活金融公庫にとっての真の目的は融資から利益をあげることではなく、融資件数を積み上げて、自分たちが国民の役に立っていることを証明することだからです。

そのうえ「公庫の役割」として、「民間金融機関からの借入が困難な方などを対象としています」とうたっていますから、自営業や母子家庭のように、収入が少なかったり、信用力が低くても、無下《むげ》に融資を断られることはありません。彼ら〝お役人さま〟たちが望むように、きちんと書類を整えてあげればいいわけです。

本書の制作にあたって実際に公庫から借りてみた経験からいうと、審査のポイントは、公庫およびほかの金融機関からの借入額と、公共料金の支払いを証明する銀行通帳のコピーのようでした。ということは、仮に所得が少なくても、過大な借金を背負っておらず、「払うべきものはきちんと払っている」とアピールできればいいということになります。

なお、融資を受ける際には保証人が必要ですが、(財)教育資金融資保証協会に保証料を支払って代行してもらうこともできます。民間の信販会社・クレジットカード会社であれば、この保証料はだいたい2〜2・5%ですが、この〝国営保証会社〟は年0・5%程度の超格安の料金で保証人になってくれます。

それでも100万円当たり約5000円(10年で約5万円)の保証料が必要ですから、それも節約したいという人は、友だちにでも保証人を頼みましょう。経験では、保証人宛てに電話が1本かかってきただけで、それ以外のめんどうな調査はいっさいありませんでした(契約にあたって保証人の実印と印鑑証明が必要です)。

商売を度外視した金融機関

日本には国営金融機関でなくても、さまざまな事情から、民間金融機関よりも格安な金利で教育ローンを提供しているところがあります。

たとえば「労働者の生活を守る」ために設立されたろうきん(労働金庫)ですが、ここも「営利を目的としない金融機関」であることを設立理念にうたっており、「民間よりもつねに安い金利を提供する」素敵な資金調達先です。

ろうきんの教育ローンは、最高500万円までの10年固定金利で年2・1％（＋保証料）。保証料は0・7〜1・2％で、労働組合に加入しているかどうかで違ってきます（未加入者は＋1・2％）。ただし組合未加入でも、生活協同組合などの組合員だと年1・0％で保証を受けられますから、実際の融資金利は年3・1％程度ということになります（所属労働組合が保証してくれる場合は保証料は必要ありません）。国民生活金融公庫などに比べると割高ですが、民間の金融機関よりはずっといい条件です。そのうえ、ろうきんの教育ローンは幼稚園から利用できますから、私立の幼稚園や小学校に子どもを通わせている人でも資金調達可能です。

ろうきんでは、不動産を担保にした使い道自由のフリーローンも扱っており、その金利は、なんと住宅ローンと同じ、変動金利で年1・725％（！）です（別途保証料として0・12〜0・33％が必要）。

先に述べたように、セカンドモーゲージ（不動産担保融資）はリスク管理の面から一般の金融機関が及び腰になり、そのために消費者金融大手が年利9〜18％で融資を行っているのですが、ろうきんの場合、「担保が同じであれば、住宅ローンもフリーローンも同一金利でいいよ」という、民間の融資担当者が聞いたら腰を抜かしそうな条件を提示しているのです。「善良なる労働者集団に悪人はいない」というわけでしょうが、さすがに度量が違います（ろうきんは、いまではふつうの金融機関と同じく、労働組合加入者以外でも自由に利用でき、保証料など一部を除けば条件に違いはありません）。

ついでに述べておけば、戦後、東京都と東京商工会議所が中心となって設立された東京都民銀行（とみん銀行）も、どういう理由かは知りませんが、格安の教育ローンを提供しています。融資期間5年以内、融資額300万円以内で、金利は保証料込みの年3・5％ですから、こちらもかなり優遇されています。

よく、「個人が優遇金利で借金できるのは住宅ローンだけ（だからマイホームは有利）」といわれます。しかしこのように探してみると、無担保でも住宅ローンより安い金利でお金を借りる方法はたくさんあります。首都圏に住むサラリーマンなら、国営金融機関に加えて「ろうきん」と「とみん銀行」を利用することで1000万円程度の教育資金を低利でファイナンスできるでしょう。

驚くべき法人向け融資の世界

ここで述べたような国営金融機関の驚くべき力量は、じつは中小企業向け融資の分野でこそいかんなく発揮されています。

中小企業の事業主が日本国から受けられる融資優遇制度について解説するとそれだけで本が1冊できてしまいますが、大雑把《おおざっぱ》にいうと、それは以下の3種類に分けられます。

①国民生活金融公庫（財務省＝旧大蔵省）
②中小企業金融公庫（経済産業省＝旧通産省）
③商工組合中央金庫（経済産業省＝旧通産省）

このうち、国民生活金融公庫は零細企業（従業員20人以下）を、中小企業金融公庫は中小企業（製造業で資本金3億円以下または従業員300人以下）を主な対象として、表面上は棲《す》み分けているようです。商工組合中央金庫は経済産業省（旧通産省）所轄の金融機関で、地元の商工会を通じて会員事業主向けの融資を行っています。いずれにせよ、中小企業事業主であればどの国営金融機関からお金を借りてもいいわけで、その結果、それぞれの金融機関の間で熾烈《しれつ》な「サービス競争」が起きています。

これら「国営金融機関」による中小零細企業向け融資の最大の特徴は、たいした売り上げも担保もない、吹けば飛ぶような〝ゴミ会社〟にも、長期プライムレート（長プラ）で資金を融資してくれるということです。長プラというのは、ソニーやトヨタ自動車のような世界的超一流企業に対する最優遇金利なわけですが、弱者にやさしい日本国では、それと同じ条件で、街の八百屋や床屋にもお国がお金を貸してくれるのです。

国営金融機関による法人向け融資は、その金額も半端ではありません。国民生活金融公庫の普通貸付（特定設備資金）では「年利1・9〜2・2%、20年返済、据置期間2年」という条件で最高7200万円を貸してくれますし（通常の「設備資金」は返済期間10年、「運転資金」は返済期間5年でそれぞれ最高4800万円）、中小企業金融公庫にいたっては、一般貸付の融資限度額が「設備投資」で4億8000万円、「運転資金」で2億4000万円、国の政策に沿って行われる特別貸付では最高7億2000万円（！）となっています。こんな大金を最長20年返済で貸してくれるのですから、これで事業がうまくいかないのなら経営者をやめたほうがいいという感じです。

しかし、こんなことで驚いていてはいけません。すばらしき我らが日本国政府は、さまざまな名目をつけて、どこの馬の骨ともわからない私たちのような下々の者にも、「中小企業経営者」であるというだけで、長プラよりもさらに安い金利でお金を貸しています。

お役人さまというのはいろいろなことを考えるもので、たとえば国民生活金融公庫では、商工会議所会頭や商工会会長などの推薦をもらってくると、「経営改善貸付」として、金利を0・3％割り引いて年1・6％で最高1000万円（返済期間5〜7年）まで貸してくれます。ただし、この特典を受けるためには地元の商工会などの会員にならなくてはなりません（当然、会費がかかります）。

さらに失業対策の「事業展開資金」では、従業員20人以下の会社が新たに従業員を一人以上雇用するか、従業員21人以上の会社が2人以上雇用すると、「事業展開でがんばった」という理由で、年利1〜1・8％、返済期間最長15年（据置期間2年）で最高7200万円まで融資してくれます。年利1％（5年返済）といえば、1000万円借りても、元金据置なら年間の支払利息は10万円、月々の支払いはわずか8000円程度という、頭がクラクラしてくるような話です。

それ以外にも、日本政府が景気刺激対策としてはじめた「新規開業資金」「女性・中高年起業家資金」、保証人不要の「新創業融資制度」や、不況対策としての「セーフティネット貸付」、高齢者・障害者に配慮した「地域企業支援貸付」など、挙げていけばキリがありません。

信用保証会社とはなにか？

国民生活金融公庫や中小企業金融公庫の最大のライバルが信用保証協会です。

信用力のない中小企業は不動産などの担保がないと民間金融機関は融資をしてくれません。十分な担保がなかったり、経営状態が金融機関の融資基準に満たなかったりすると、商工ローンなどの高利の融資に頼らざるを得なくなります。それではかわいそうということで、「社会的弱者」である中小企業のために国が借金の保証人になってくれるのです。

信用保証協会から保証が下りると、借り手が破綻しても損失は保証協会が補塡《ほてん》してくれますから、銀行は融資の審査をする必要がありません。水戸黄門《みとこうもん》の印籠《いんろう》のように、どんな相手だろうが100％確実に融資が実行されるのです。

バブル崩壊後の長引く不況のなかで、不良債権の山を抱えた金融機関は、青息吐息《あおいきといき》の中小企業に融資を継続する余裕を失っていきました。これが「貸し渋り」「貸しはがし」で、この強烈な金融引き締め圧力のなかで、多くの企業が倒産の瀬戸際に追い込まれました。

そこで、長年の支持基盤である地元の中小企業を救うために自民党が活用したのが、信用保証協会でした。銀行の融資に保証協会（国）が保証をつければ、業績不振で、おまけに債務超過のどうしようもない融資先でも新規融資が可能になるからです。

こうして小渕《おぶち》政権時代の1998年10月、中小企業向けの不況対策の切り札として、担保価値や経営内容を問わず、ほぼ無審査で最大5000万円（有担保の場合は別枠で2億円）を保証する20兆円の特別保証枠が用意されました。融資が行われたのは、放っておけば潰《つぶ》れるほかはない、どうしようもない会社がほとんどです。当然、この無茶な融資の多くが焦《こ》げつき、そのツケは保証協会に回って、赤字の山を築きました。こうした赤字は、最終的には公的資金で補填されることになるでしょう。

ところでこの信用保証協会を活用すると、公庫融資よりもはるかに有利な〝奇跡の〟ファイナンスが実現できます。多くの自治体が、信用保証協会の保証を条件に、産業振興や地域活性化などの名目で利子補給制度を導入しているからです。

たとえば東京都内の某自治体が行っている創業支援融資では、信用保証協会の保証で金融機関が年2・2％の融資を実行し（上限1000万円、返済期間7年）、それに自治体が1・8％の利子補給をすることで、利用者の実質負担は年0・4％（！）となっています。
※（著者注）この「奇跡のファイナンス」については拙著『お金持ちになれる黄金の羽根の拾い方』（幻冬舎）を参照。

それ以外にも、探してみればもっと有利なファイナンスのチャンスが転がっているかもしれません。多くの自治体が同様の産業振興制度をもっているので、法人を設立する場合は登記地を慎重に検討しましょう。

＊

これまで述べてきたように、日本には利益を度外視した国営・半国営の金融機関がいっぱいあるために、適正な市場金利で業務を行おうとする民間金融機関はまともな商売ができず、その結果、金融市場が大きく歪んでいます。小泉〝改革〟政権の登場で、国営金融機関の「貯金機能」である郵便貯金には民営化のメスが入るかもしれませんが、日本の金融市場を健全化したいのであれば、同時に「融資機能」である国民生活金融公庫、住宅金融公庫、中小企業金融公庫、商工組合中央金庫、農林中央金庫、日本政策投資銀行などの国営金融機関を民営化する必要があります。長プラをはるかに下回る常軌《じょうき》を逸《いっ》した低金利で資金調達できるならば、民間金融機関を利用する人はだれもいなくなってしまうからです。

日本の金融市場の歪みは国営金融機関や自治体による超低利融資に象徴されています。いうまでもなく、これら優遇措置の原資は税金なのですから、国の融資制度を利用することで、私たちは**支払った税の一部を還付してもらう**ことができるのです。

15．人生が破綻するとき

「期限の利益」の喪失

あなたが100万円のお金を借りて、それを毎月2万円の分割払いで返済する場合、あなたには「期限の利益」があるといいます。あなたは貸し手から「カネを返せ」といわれるのを待ってもらっている状態にあり、それはあなたにとっての利益だからです。

ここであなたが貸し手との約束を破って借金を返済しないと、「期限の利益の喪失」ということが起こります。

「あんたが約束を守らないならこっちの約束も反故《ほご》だよ。〝期限の利益〟はもう認めないから、いますぐ利息と元金の全額を返しなさい」

といわれるわけです。そうすると、これまでなら毎月2万円の返済ですんでいたところを、いきなり「今月末までに元金＋利息で80万円支払え」などという話になり、愕然《がくぜん》とすることになります。

しかし、不況でボーナスが出なくなったとか、転職したら給料が半分になった、などという話も最近では珍しくないので、どんなに努力しても約束した返済をつづけられない、という事態も起こり得ます。

この場合、もっともやってはいけないのは、そのままずるずると返済を遅らせて、「期限の利益」を喪失してしまうことです。やがて全額返済を要求する内容証明郵便が送られてきて、そこに「法的措置を取る」などと書いてあると、それだけでビビって消費者金融に走ったりしてしまいます。こうして多くの人が、低利の融資を高利の融資に借り換えてしまうのですが、いうまでもなくこれは自殺行為です。

住宅ローンなどのように担保を取られていて、なおかつ返済が苦しくなったケースでは、収益に対して過大な借入をしているわけですから、もっともシンプルな解決法は担保を売却して借金を返済し、身軽になることです。しかし日本の住宅ローン制度では、不動産価格が下落し、売却価格がローン残高に満たないと、マイホームを失っても借金だけが残ってしまいます。よほど豪胆な人でないと、自分が必死になって購入し、ローンを返済しつづけていた大切な自宅を人手に渡したうえで、借金だけを背負いつづけるという選択はできません。

マイホームは救済されるべきか？

では、借金は返せないけれど担保は売却したくないという場合は、どうすればいいのでしょうか。そのときは、素直にそうした事情を債権者（銀行やクレジットカード会社、消費者金融など）に相談することです。そうするとたいていは、「しようがないですねえ。それじゃあもうちょっと現実的な返済プランに変更しましょうか」といって、毎月の返済額を減らしてくれるはずです。

昔はもうちょっと強面《こわもて》に「ガタガタいってないで、親でもサラ金でもいいからどっかでカネ借りてちゃんと返せよ」などといわれることもあったようですが、いまはこんなことをすると「返済の強要」ということで違法行為になってしまいますから、上場・公開企業では絶対にできません。「サラ金規制法（貸金業の規制等に関する法律）」によれば、①暴力的な態度や乱暴な言葉遣い。大声を上げること。②多人数で押しかけること。③正当な理由なく午後9時から午前8時までの時間帯に電話で連絡し、電報を送り、訪問すること。④張り紙、落書き、そのほかの手段で債務者の借入に関する事実をあからさまにすること。⑤勤務先を訪問して困惑させたり不利益を被《こうむ》らせること、などの禁止事項が詳細に定められています。これらの規則に違反して金融庁や消費者センター、弁護士やマスコミに訴えられるとバッシングの標的になるばかりか、下手をすると貸金業の登録を取り消されかねません。慌てて高利の借り換えをするのではなく、債権者に相談して、同じ金利のまま返済額を減らしてもらえるよう交渉すべきです。

ただしこれは、債務（借金）の額を減らしてもらえる、ということではありません。ただたんに返済期間を延長するだけですから、総支払額は逆に増えてしまいます。

典型的なのは住宅金融公庫の「ステップアップ・ローン」で、現在は11年目以降に金利が上がりますが、かつては当初の5年間を格安金利にするタイプが主流でした。「5年も経てば給料も上がるだろうから、ちょっとくらい返済額が増えても大丈夫でしょ。だったら、最初の返済額を減らして貧乏人でも家を買えるようにしてあげましょう」という制度だったわけですが、予想に反して日本経済が空前の大不況に突入してしまったために、6年目になると返済が滞《とどこお》ってしまう人が続出しました。

住宅金融公庫というのは〝お役人さま〟の組織なので、返済が滞った債権は保証会社である「公庫住宅融資保証協会」に機械的に回してしまいます。すると、保証協会はこれまた機械的に、公庫にローンの残債を支払ったうえで、担保に取っている債務者の不動産を競売にかけて資金回収してしまいます。

こんな冷酷な仕打ちをつづけていると、当然のことながら、怒り出す人も出てきます。お金を貸すときは「一人でも多くのみなさまが家をもてるよう努力しています」とかなんとか口当たりのいいことをいっていたくせに、ちょっとでも返済が遅れると家を取り上げて競売にかけるのでは「建て前とやることが違うじゃないか」との怨嗟《えんさ》の声が巷《ちまた》に満ち溢《あふ》れ、「だったら住宅金融公庫なんかつぶしちまえ！」という声まで出てきました。

こうした事態に慌てた建設省（現国土交通省）のお役人さまたちは、返済が苦しくなった人には最長10年の期間延長と最長3年の元金据置を認めるという救済措置を取らざるを得なくなりました。これによって毎月の返済額は大幅に減りますから、目先の破綻はなんとか回避できることになったのです。

3000万円のローンを5％の固定金利で借りていた場合、期間30年だと毎月の返済額は約16万2000円ですが、返済期間を40年にすると約14万6000円と、1万6000円ほど月々の返済額が少なくなります。しかしその一方で返済総額は、30年返済時の約6000万円から、40年返済では約7000万円と1000万円も増えてしまいます。これでは一生を〝住宅ローン奴隷《どれい》〟としてすごすようなものですから、はたしてどちらがいいのか悩んでしまいます。

さらに皮肉なことをいうと、地価の下落が10年以上もつづいた現在からふり返るならば、1990年代はじめに住宅ローンの返済が行きづまり、持ち家を競売にかけられた人は、結果として早めの損切りに成功したことになります。一方、住宅金融公庫の特例措置で返済をつづけた人は、その後の地価下落でさらに傷口を大きくしてしまいました。

いまにして思えば、かつてあれほど叩《たた》かれた住宅金融公庫（公庫住宅融資保証協会）の冷酷きわまりない資金回収は、多くの債務者を破産の淵から救ったともいえるのです（なぜかだれも指摘しませんが）。

このようにいったん持ち家を所有してしまうと、それを手放さざるを得なくなったときに冷静な判断ができなくなってしまいます。マスコミや世論も「自宅を競売にかけられるのはかわいそう」と大合唱しますから、〝塩漬け〟のための制度もどんどんつくられます。こうして住宅ローン債務の額は膨らんでいき、被害は増幅されてやがて大きな社会問題になることでしょう。

破滅への道

不可抗力であれ、自業自得であれ、借金をどうにも返せなくなるということはあり得ることです。資産や担保を売却してもさらに大きな借金が残る場合は、破産の危機に瀕《ひん》してしまいます。こんなときは、どのようにしたらいいのでしょうか？

ここでも基本は同じで、高利の借金に借り換えるような悪あがきは最悪の行動です。もっとも賢明なのは、債権者のところに行って、「もうこれ以上、返済しようがありません。資産を全部売却してできるかぎり返済し、それでも足りなかったら自己破産しようと思うんですが」と率直に話をすることです。

もしあなたの誠実さが相手に伝われば、借り手が自己破産してもしなくても取れるお金はいっしょですから、「残りはもういいよ。こっちも損金で処理するからさ。あんたもたいへんだねえ。第二の人生、がんばってね」という美談になるかもしれません。

しかし世の中、こんなハードボイルドな行動を取れる人ばかりではありません。たいていは目先の破綻を逃れようとして高利のお金に手を出して泥沼にはまっていきます。

2001年5月、青森県弘前《ひろさき》市で消費者金融大手・武富士《たけふじ》の支店が放火され、従業員5人が焼死するという痛ましい事件がありました。新聞報道によると、事件の解決に協力するために、武富士側は仙台支店の顧客1万2000人のなかから、30代、40代の男性で、複数の消費者金融業者から融資を受けて返済が滞っている多重債務者や長期間返済をしていない約1000人の名簿を警察に提出したとのことです。ここから逆算するとこの層の延滞率は約8・3%。日本中に消費者金融の利用者が何人いるか知りませんが、この数字からは膨大な数の延滞者がいることを窺《うかが》い知ることができます。

もっとも、これら延滞者のすべてが破産するわけではなく、なかには親や家族の協力を得てちゃんと返済を終える場合もあるでしょう。しかしその一方で、A社の返済をするためにB社からカネを借り、さらにC社、D社と借金を重ねていく人もいます。心理学的には、こうした多重債務者は性格的にまじめな人が多く、そのため無理な返済努力をして傷口を大きくしてしまうことが多いようです。そしていよいよどうしようもなくなると、根がまじめなだけに、家族を道連れに一家心中するなどという悲惨な結末を迎えることになりかねません。

それに対して、ギャンブルなどで借金をつくるチャランポランな人は、返済努力もいいかげんで、適当なところで「もう好きにしてよ」と開き直ってしまうため、相対的に債務額が小さくなるという皮肉な現実もあるようです。ただしギャンブル中毒者は、いちど反省しても結局賭け事にはまってしまい、最終的には破滅する場合が多いようですが。

紹介屋と整理屋

大手の消費者金融からお金を借りて返せなくなっても、すぐにはめんどうなことになりません。一般に大手消費者金融では、2ヵ月の延滞で債権が支店から本社管理部に移され、さらに6ヵ月延滞がつづくと貸し倒れとして損金処理してしまうといいます。

十数人の管理部員で全国に散らばる不良債務者の自宅や職場をいちいち訪ねることはできませんから、督促《とくそく》は電話や手紙に頼ることになります。そのうえ、配達証明や内容証明郵便を送ったり、裁判所に支払命令を出してもらうにもコストがかかるため、50万円程度の融資の回収にいちいちそんなことをしていたのではぜんぜん割に合いません。貸し倒れ償却して税金をまけてもらったほうがずっといいわけです。

しかし、金融機関が損金計上したからといって、借金をチャラにしてもらえるわけではありません。こうした貸し倒れ償却が終わった不良債権は、仮に1万円でも2万円でも回収できれば、それがまるまる儲けになります。そこで、「切り取り屋」などと呼ばれる専門の債権回収業者に二束三文《にそくさんもん》で売却したり、利益折半《せっぱん》で回収を依頼したりします。業者にとってみれば、50万円の回収で25万円の利益になりますから、これならわざわざ債務者の家に出向いていっても帳尻《ちょうじり》が合うわけです。こうした回収業者は、たいていの場合、債務を街金などに一本化させて返済させてしまいます。

あちこちの街金融から借金を重ねたあげく、いよいよだれも貸してくれなくなると、「ウチじゃあもう貸せないけど、あんたでも貸してくれるところを紹介してあげるよ。その代わり紹介料を払ってね」という人が現れます。これが「紹介屋」と呼ばれる人たちです。紹介された金融会社は高利ですから、当然、また返済に行きづまります。すると、「そんなにあちこちから借金してるんじゃたいへんでしょう。私のところで全部の借金をとりまとめてあげますよ」という親切な人が登場します。これが「整理屋」です。最近では、スポーツ新聞などに「債務一本化します」などという広告を出している業者のところに相談に行くと、「ウチは弁護士さんがついているから大丈夫です」などと、心強い言葉をかけてくれるところも多くなりました。仕事がないか、そもそも仕事をする気のない弁護士が整理屋と「提携」して名義貸しをしているのです。

「サラ金規制法」以来、貸金業者は、債務者が弁護士に債務整理を依頼した時点で本人とはいっさい接触できなくなりました。提携弁護士から債権者に通知がいくだけで取り立てはピタッとやんでしまいますから、顧客は完全に信じ込んでしまいます。そのうえで整理屋は、借金を「整理」したと称して弁護士の口座に返済のお金を振り込ませるのですが、実際には借金はまったく「整理」されておらず、気づいたときには債務はずっと膨らんでいた、という悲惨なことになります。

すばらしきクレジットカード詐欺

高利貸しのなかには、債務者が少しでも借金を返せるように、いろいろな知恵を授けてくれる人もいます。もっともよく知られているのがクレジットカード詐欺《さぎ》で、債務者のクレジットカードで宝石や時計、ブランドもののバッグなど、換金可能なものを購入し、バッタ屋などに売り払って、そのお金を返済に充てます。こうした買い物は第三者が行い、債務者自身はカードの紛失届を警察に提出するだけですから、ショッピング代は保険で支払われて返済義務は生じません。

このクレジットカード詐欺は、非常によくできた犯罪です。債務者は借金が減り、高利貸しは返済を受けられ、詐欺の実行者は報酬をもらい、詐欺にあった店はクレジットカード会社から支払いを受け、クレジットカード会社は保険会社から保険金をもらい、保険会社は「こんな危ないヤツがいるから保険に入らないとダメですよ」と宣伝に使う、ということで、〃みんなをハッピーにする犯罪〃として一躍大流行しました。

※〈著者注〉その後、保険会社の保険料が急激に上がり、クレジットカード会社の経営を圧迫しはじめたために、現在はどこもカード詐欺に神経を尖《とが》らせている。

かつては、クレジットカードでデパート券やビール券、図書券などの金券類が購入できましたから、これらが詐欺の対象として集中的に狙《ねら》われました。そのまま金券屋にもっていけば95%程度の高い換金率で現金化できるからです。さすがにこれはあまりにひどすぎると社会問題化し、いまではクレジットカードで金券類は購入できないようになっています。

いかに〃みんなをハッピーにする犯罪〃だとしても、このクレジットカード詐欺は、債務者一人につき1回しか使えないという致命的欠陥があります。こんなことを何度もしていれば、どんなお人よしのクレジットカード会社だって詐欺だと気づくからです。

しかし世の中には頭のいい人がいるもので、「だったら債務者の名前を変えて別名義のカードをつくればいいじゃないか」という裏ワザが開発されました。債務者を奥さんの実家などの養子にして、苗字を変えてしまうわけです。

個人信用情報のデータベースは名前と生年月日を基準に整理されていますから、名前を変えてしまうとすべての情報は白紙に戻ってしまいます。しかも、養子になるならないは本人たちの自由ですから、名前を変えた後で、その事実を伏せたままクレジットカードを申し込んだとしても違法行為にはなりません。高利貸したちは、名前を変えて新たな信用を獲得した債務者に悪逆無道のかぎりをつくさせ、さらに債権回収を進めるのです。

債務者がクレジットカード詐欺に手を染めると、これは立派な犯罪ですから、裁判所は自己破産しても免責を認めてくれなくなります。最後には、借金を背負ったまま刑務所に送られる悲惨な末路が待っているでしょう。

高利貸しが合法業者に変身するとき

債務者自身に返済能力がなくても、親に資産がある場合は、「ご実家の土地を担保に入れたらいかがですか？　そうしたら格安の金利で融資をまとめてあげますよ。これですべての問題は解決じゃないですか」というさらに親切な業者が登場してきます。

この業者を信じて実家の土地を担保に入れると、案に相違して約束どおり、法定金利（利息制限法）以下の良心的な条件で借金を肩代わりしてくれます。しかし、じつはこれではハッピーエンドになりません。あちこちの高利貸しから借金しつづけた結果、債務総額が大きく膨らんでしまっているのがふつうだからです。

たとえば、最初に借りた1000万円の借金がなんだかんだで3000万円に膨らんだとして、その後に実家の不動産を担保に入れて金利を3分の1に下げてもらっても、債務の額が3倍になっているのですから、やはり返済は不可能です。そして恐ろしいことに、この場合は100％合法的な業者からお金を借りているので、返済が滞ったときに抵当権の行使を宣告されると対抗のしようがありません。そのときになって慌てて弁護士のところに駆け込んでもどうしようもないのです。

自己破産という選択

借金が借金を生んでにっちもさっちも行かなくなった場合は、「自己破産」や「個人版民事再生」により法的整理を求めることができます。

自己破産は文字どおり、「もうこれ以上借金を返せません」とバンザイしてしまう方法で、債務の免責が許可されれば預貯金や株式などの金融資産はもちろん、持ち家や車、生命保険契約まですべて売り払ったうえで借金をチャラにしてもらえます（ただし、生活に必要な最低限の資産は残してもらえます）。

この自己破産は債務者にとってベラボウに有利な取引で、債務が免責されてもほとんどデメリットはありません。強《し》いてあげれば、①免責後、5～7年間はクレジットカードをつくったり、金融機関から融資を受けることができなくなること、②10年間は再度自己破産しても原則として免責が許可されないこと、くらいです。一般に考えられているように、破産したことが戸籍や住民票に記載されることはありませんし、選挙権がなくなることもありません。

また、破産したことは官報などで公告されますが、一般の人は官報など見ないので、通常は他人に知られることもありません。万一会社にバレても、特殊な場合を除き、破産を理由に解雇されることもないでしょう。

自己破産から免責決定を受けるまでの間は、①会社の役員、弁護士、公認会計士、税理士、司法書士、証券会社外務員、生命保険募集員、損害保険代理人、警備員などにはなれません（医師、教師、行政書士、建築士、一般の公務員などは資格に影響ありません）。また、②破産宣告時に所有していた財産の管理処分権を失い、③旅行や転居に裁判所の許可が必要になり、④郵便物が破産管財人に開封されてしまいます。

最近は自己破産申請者が急増しており、こうした人たちは「免責不許可」にしても払えないものは払えないわけですから、裁判所は「現実的な見地から」、よほど極端な事例でないかぎり、ギャンブルの借金だろうがブランドものを買い漁《あさ》ろうが、自己破産と債務の免責を認めるようになってきました。これでほとんどデメリットがないのですから、「自己破産はやったもの勝ち」との声が弁護士から出てくるのもわかります。

※〔著者注〕安易な自己破産が社会問題になったことから、最近では、ギャンブルなどの借金は一部しか免責を認めないなど、裁判所の姿勢は以前よりも厳しくなっている。

個人版民事再生

自己破産で債務の免責が許可されるとすべてがチャラになりますが、これではせっかく手に入れたマイホームも人手に渡さなければなりません。「それじゃあかわいそうだ」ということで考えられたのが、「民事再生法」を個人にも適用できるようにした「個人版民事再生」です。

これは簡単にいうと、「住宅ローン以外の借金を払える範囲に減額したうえで、住宅ローンについては喪失した〝期限の利益〟を復活させ、返済期間の延長などもしてあげよう」という制度で、これなら自宅を競売にかけられることもありません。

個人版民事再生は、純債務（住宅ローンと担保付債務を除いた債務総額）が3000万円以下の場合に適用でき、個人事業主を主な対象とする「小規模個人再生」と、サラリーマン（給与所得者）を主な対象とする「給与所得者等再生」の2種類があります（サラリーマンでも「小規模個人再生」を利用することができます）。

小規模個人再生では、「弁済方法は3ヵ月に1回以上の分割払いであること」「弁済期間が原則3年、最長で5年であること」「再生計画による弁済総額は債権総額の20％以上であること」「弁済総額が破産となった場合の配当金額よりも多くなること」などのほかに、「弁済総額が債務総額の5分の1（300万円を超える場合は300万円）または100万円のいずれか多い額以上であること」というわかりにくい規定がついています。「給与所得者等再生」では、これに「弁済総額が可処分所得の2年分の金額以上であること」という規定が追加されます。

これがどういうことかを、簡単に説明しましょう。

まず再生計画では、自己破産の場合よりも弁済総額が多くなることが最低条件になります。ただし住宅ローン分は別計算になりますから、持ち家以外の金融資産などが仮に時価300万円だとすると、再生計画による弁済金額も300万円以上となります。そうでなければ、債権者から「自己破産させろ」という要求が出てくるからです。

次に、債務総額に対する弁済総額の基準は、おおよそ以下のようになります（住宅ローンは別扱いのため、下記の「債務総額」には含まれません）。

①債務総額100万円以下
弁済金額は債務と同額になりますから、ただ単に最長5年の分割払いにしてもらえるだけで、民事再生法を使う意味はほとんどありません。

②債務総額100万円超1500万円以下
弁済総額は100万円以上で、なおかつ債務総額の20%（5分の1）以上で決められることになります。債務総額が1500万円の場合、その20%は300万円ですから、最大で1200万円をチャラにしてもらえる可能性があるということです。

③債務総額1500万円以上3000万円以下

弁済総額は300万円以上で決められることになります。債務総額が3000万円の場合、最大で2700万円の借金をチャラにしてもらえる可能性があります。

④債務総額3000万円超

個人版民事再生の適用外です。

それ以外に、「給与所得者等再生」を利用するためには、別に「弁済総額が可処分所得の2年分の金額以上であること」という規定があります。仮にあなたの給与総額が税込み800万円、手取り600万円とした場合、この手取り収入から生活に必要な最低限の支出を除いた額が「可処分所得」になります。電気・ガス・水道・通信費のほか、家賃や食費、子どもの教育費で毎月40万円が必要ということであれば、必要な生活費は年480万円、可処分所得は120万円。その2年分ですから、最低弁済総額は240万円となります。仮にあなたの債務総額が1000万円で、小規模個人再生では最低弁済総額が200万円（債務の20%）だったとしても、給与所得者等再生を利用する場合は、こちらの240万円が最低弁済額になります。

なお、給与所得者等再生では生活費のなかに家賃は算入できるものの、住宅ローンの支払いは認められないので、持ち家の場合は小規模個人再生よりも弁済額が大きくなりがちです。ではなぜ「給与所得者等再生」が存在するかというと、給与収入からの確実な返済計画の実行が期待できるとの理由から、債権者の同意がなくても裁判所の判断で再生計画が認められるという特典が与えられているからです。それに対して小規模個人再生では、債権者の半数が積極的に反対すれば、計画は実現できません（ただし反対さえしなければ、「消極的賛成」とみなされます）。

自己破産と個人版民事再生のいちばんの違いは、自宅を競売にかけられるのか、そのまま住みつづけることができるのか、ということでしょう。ただし個人版民事再生でも住宅ローンは棒引きしてもらえるわけではなく、滞納とともに失われていた「期限の利益」が復活し、最長10年までの返済期間延長や最長3年までの元金返済猶予《ゆうよ》は認められるものの、元金と利息はやはり全額返済しなくてはいけません。

そのため、再生計画による弁済に加えて住宅ローンの支払いをつづけなくてはならず、債務者にとってはかなり過酷な条件となります。ローン返済を10年も延長すれば、無事に支払い終わっても70歳近いはずですから（再生計画では債務者が70歳以上になる返済期間は認められません）、こんなことならすっきり自己破産するか、自宅を売却して損失を確定したうえで再生計画をつくったほうがマシかもしれません。

法的処理の費用

ではここで、自己破産と民事再生に必要なコストについて見ておきましょう。

自己破産の場合、債権者にほとんど資産がなく、破産宣告と同時に破産手続きが終了する「同時廃止」（このケースが大半です）では、裁判所に支払う費用は2万円程度ですんでしまいます。債務者に資産があると、管財人を選任するとともに、20万～50万円の予納金を裁判所に納める必要があります。

一方、通常の民事再生法を利用する場合、裁判所に納める予納金は最低（負債総額５０００万円未満）で２００万円（東京地裁）と高額ですが、個人版民事再生では、この予納金が約1万２０００円（東京地裁）と大きく減額されています。

しかし、自己破産や民事再生は債務者一人ではできません。理屈のうえではやってやれないことはないかもしれませんが、弁護士を通さなければ裁判所が認めない可能性が高いでしょう。

弁護士会の規定によれば、弁護士の報酬は「着手金」と「報酬」に分かれており、個人の自己破産の着手金は「20万円以上」となっています。個人版民事再生の着手金はまだ決められていませんが、和議と同額と考えれば「30万円以上」となります。

弁護士の成功報酬は、弁護士会の規定により、一般的な民事事件であれば、顧客の得た利益により16～4％の間で段階的に決められています。アメリカの弁護士が企業の損害賠償請求などに夢中になるのはこの成功報酬があるからで、日本でも仮に10億円の賠償が認められれば5000万円弱の成功報酬が弁護士の懐《ふところ》に転がり込むことになります（実際には値切られることも多いようですが）。

ところで、自己破産や民事再生における「顧客の利益」とはなんでしょうか。これはすなわち、法的に棒引きしてもらった借金の額と考えられます。3000万円の借金を自己破産でチャラにすれば、顧客の利益は3000万円まるごとですから、当然、弁護士の成功報酬もそれを元に計算しなくてはなりません。しかし、もともとカネがないから自己破産しようとしているのに、弁護士に大金を支払えるわけがありませんから、暗黙の了解として、自己破産の弁護士料は「着手金20万円に成功報酬20万円として、計40万円くらいでいいや」という相場ができているわけです。

自己破産者の増加にともなって裁判所の手続きも簡略化されてきており、ちょっとした書類を揃えるだけで40万円の報酬がもらえる自己破産は、不況の弁護士業界のなかでは割のいいビジネスのひとつです。そのため、最近では過当競争で相場が下落しているとの話もありますから、相談する場合は思い切って値切ってみるといいでしょう。この弁護士報酬を破綻した債務者がどのように工面《くめん》しているのかが、弁護士業界におけるタブーのひとつであることは先に述べたとおりです。

長期化する不況にともなって個人のローン破綻は激増しており、その数は今後もますます増えていくと思われるため、裁判所は、個人の自己破産や民事再生を、とりたてて大きな問題がなければ積極的に認めていく方針に転じています。自己破産は、同時廃止なら4ヵ月ほどで手続きが終わりますし（東京地裁）、民事再生でも6ヵ月以内には結論が出ます。どちらもルーティーン・ワークで事務手続きが進められ、債権者集会に呼び出されたり、裁判官に叱責されることもありません。

これがいいことかどうかは別として、自己破産もコンビニエントに行われるのがいまの日本の現実というわけです。

借金棒引きはうれしくない

『不動産借金王裏ファイル』（情報センター出版局）で、バブル期につくった100億円の借金を返済する日々を描いた小島宣隆《こじまのぶたか》氏（不動産会社経営）は、最近、10億円の借金を50万円で帳消しにしてもらったそうです（「週刊東洋経済」2001年5月19日号）。記事によれば、小島社長のところに30歳前後のサラリーマンがやってきて、「社長のところへの融資は総額で10億円になりますね。少しまとまったお金を用意していただければ残りは債権放棄しますよ」といわれたというのです。小島社長が半信半疑で「1000万円ならなんとか用意できるかも」というと即座にOK。そこでダメモトと思い、「やっぱりさっきの話、100万円に負けてくれないか」というとこれもOK。結局、50万円に値切ることに成功した、とのことです。

なんでこんな手品のようなことが可能になるかというと、小島社長の元に現れたサラリーマンはサービサー（不良債権回収業者）の人間で、彼らは銀行などの一次債権者から、バルクセールと称して二束三文で債権を購入しているからです。サービサーの場合、購入した不良債権はできるだけ早く現金化して、最低20％のリターンが得られればいいという話ですから、彼らはこの10億円の債権を1万〜40万円ほどで購入していることになります。

銀行としては、これでは10億円丸損するのと同じですが、どうせ待っていても回収できない債権だし、最近では「不良債権最終処理」の声が喧《かまびす》しくなってきたから、値段にかかわらず売却して、損金処理でバランスシートから落としてしまったほうがいい、という判断なのでしょう。赤字になったら税金で補塡してもらえるし、それがダメでも国営化されるだけだから、損したって関係ない、という理由もあるかもしれません。

こうして、「サービサーに債権を売却すると借金を棒引きしてくれるそうだ」という話が広まり、なかには債権売却を心待ちにしている人もいるようです。そういう人にとっては、金融庁が音頭をとってはじまった「不良債権最終処理」キャンペーンは大きな朗報でしょう。

※〔著者注〕その後、この手法は加治将一、八木宏之著『企業再生屋が書いた借りたカネは返すな!』（アスコム）で大々的に紹介された。

しかし、住宅ローン程度の借金ではこうしたおいしい話があるはずはありません。小島社長の場合も、100億円以上の借金を背負っているから、10億円の債権が回収不能として売却されるわけです。ということは、どれだけ債権放棄してもらっても、それはたんなる数字の遊びにしかすぎず、結局死ぬまで（自己破産するまで）借金はついて回ることになります。そう考えれば、10億円の借金を棒引きしてもらってもあまりうれしくないのかもしれません。

借金を背負ってもそれをチャラにしてもらえるというのは、一見うまい話のように思えますが、自己破産した人の多くがいちどは自殺を考えたという調査結果もあるように、借金苦というのはけっして楽なものではありません。自己破産でおいしい思いができると感じるのは、借金を借金とも思わない特殊なパーソナリティをもった人だけでしょう（とはいえ、困ったことに、世の中にはこういう人もけっこういっぱいいます）。

※〔著者注〕自己破産や借金の棒引きに関しては拙著『得する生活』（幻冬舎）を参照。

何度か書きましたが、借金（ファイナンス）はあくまでも、人生を豊かにするためのブースター（加速器）として有効に使うべきです。借金がハイリスク・ハイリターンの投資戦略である以上、利用にあたってはつねに最悪のリスクを想定し、それでも再起可能な額にとどめておくべきでしょう。

そしていちばん大切なことは、約束を守り、借りたものはきちんと返すことです。金融機関に対しても、仕事の相手に対しても、友人知人に対しても、**あなた自身の信用力をグレードアップさせていくことが、人生におけるもっとも賢明な戦略になる**はずです。

あとがき

アメリカのＩＴ景気が絶頂期を迎えつつある１９９８年に、私たち日本人は、マイクロソフトにもインテルにも投資することはできませんでした。アメリカにマイクロソフトという超高成長企業があると知って、某大手証券の支店窓口に相談に行ったら、「ウチではそんなヘンな株は扱っていません」と追い返された人もいます。

そんなときに、アメリカ国内のインターネット証券に日本から口座を開設すれば、ニューヨーク市場やナスダックの株式を自由に売買できるという情報がネット掲示板に掲載されました。それを実践した先進的な個人投資家たちは競ってＩＴ銘柄に投資し、わずか２年の間に目も眩《くら》むようなパフォーマンスを実現したのです（その後のバブル崩壊で損をした人も多いのですが）。

いまでもこの時期を懐かしむ人が多いのは、それがネット社会の自由を象徴しているからでしょう。このときはじめて、大手金融機関に所属していたり、特別な資格やコネをもっていなくても、知識さえあれば、だれでもすばらしい投資機会にアクセスできる時代が訪れたのです。

私たちはこれまで、日本の旧態依然とした金融システムに囚《とら》われることなく、海外の金融機関を活用して効率的に資産を運用する方法を紹介してきました。日本と海外との法律や制度の違いを利用すれば、国内では販売されていない株式やファンドなどに投資したり、税金や各種手数料などの資産運用コストを合法的に引き下げることが可能だからです。

制度の歪《ゆが》みが存在すれば、そこに収益機会が生まれます。本書のアイデアは、これまで海外投資の世界で探求してきたローリスク・ハイリターンの超過利潤の存在を、国内の社会制度に当てはめてみることでした。

小泉政権誕生以来、〝規制撤廃〟〝特殊法人改革〟を説く人たちがこの国に跋扈《ばっこ》しています。たしかに、老朽化した「日本型会社主義」をグローバル競争に適応させるためには、戦後日本に深く根づいたさまざまな既得権の構造を大胆に変革していくことが必要でしょう。しかし、そんなことはだれだってわかっていることですから、正義の旗を振りかざす人たちにいまさらしたり顔で説教されても困ります。

私たちの社会を観察してつくづく思ったことですが、**日本ほど〝弱者〟にやさしい国はありません。**だとすれば、この国に生まれた幸運を120％満喫するためには、自らが〝弱者〟になるのがいちばんです。

誤解のないようにいっておくと、ここでいうのは日本国が規定する〝弱者グループ〟に所属する人のことであって、病気で働けなかったり、身体に障害のあるような本来的な意味での「弱者」ではありません。では、日本国はどういう人たちを〝弱者〟とみなしているのでしょうか？

それは、たとえば農業や建設業の従事者であり、中小零細企業の事業主であり、地域の商店主であり、失業者であり、老人であり、家を賃貸して暮らす人たちです。本書でもその一部を紹介しましたが、こうした政治力のある〝弱者〟に日本国はじつに手厚い保護を与えているため、そこに強大な既得権が形成されています。官僚の天下りや特殊法人のずさんな経理が話題になりますが、日本社会を深く蝕《むしば》む利権構造のなかでもっともおいしい思いをしているのは、じつは、こうしたごくふつうの〝弱者〟たちなのです。

いまでもロシア国民の大部分は「働かなくても生活できたソ連時代に戻りたい」と思って

いるとのことですが、「世界でもっとも成功した社会主義国」である日本では、ベルリンの壁が崩壊してもいまだにその理想社会が健在です。そのうえ空前の大不況に突入してからは、こうした〝弱者〟保護の制度はさらに拡大・充実していますから、お国から補助金を注《そそ》ぎ込まれる既得権層は、ますますこの世の栄華をほしいままにしています。

そう考えれば、「規制撤廃」「特殊法人の整理・統合」などの虚しい掛け声よりも、国民のすべてが〝弱者〟となって社会主義国・日本に生まれた幸福を享受《きょうじゅ》できるようにすることこそが「真の改革」につながります。

税金にたかる〝弱者〟ばかりになってしまえば、現在の所得再配分システムは機能しなくなり、既得権は失われてしまいます。実際、公共事業投資などにおいては、口を開けてエサを欲しがる人ばかり増えて、いくら太っ腹な日本国でもみんなを満足させることができなくなってきています。

国民に広く既得権を開放すれば、いずれは分配システムが破綻《はたん》し、より平等で効率的な社会が生まれるでしょう。社会は一部の政治家や官僚によって設計されるものではなく、自分と家族の幸福を願う〝利己的〟な個人の創意工夫によって、アダム・スミスのいう「神の手」の力を借りて、進化していくべきものだからです。

＊

1998年に設立された「海外投資を楽しむ会」も、2004年6月に会員1万名を超えました。私たちの活動に興味のある方は、
「海外投資を楽しむ会」ホームページ（http://www.alt-invest.com/）
にアクセスしてみてください。

2004年7月

海外投資《かいがいとうし》を楽《たの》しむ会《かい》

本作品は二〇〇一年七月、メディアワークスより刊行された『ゴミ投資家のための人生設計入門［借金編］』を改題し、一部を削除し、加筆のうえ再編集しました。

橘玲―1959年に生まれる。作家。早稲田大学卒業。「海外投資を楽しむ会（AIC）」創設メンバーで「ゴミ投資家シリーズ」執筆者の一人。小説『マネーロンダリング』（幻冬舎）は、「金融を知り尽くした著者による驚天動地の〝合法的〟脱税小説」として各紙誌で絶賛された。著書にはほかに『お金持ちになれる黄金の羽根の拾い方』『得する生活』（以上、幻冬舎）、編著書には『世界にひとつしかない「黄金の人生設計」』（講談社＋α文庫）などがある。
●E-mail:tachibana@alt-invest.com

海外投資を楽しむ会―『ゴミ投資家のためのビッグバン入門』（メディアワークス）の制作スタッフを中心に1998年に設立。1999年から海外投資の情報交換サイト（http://www.alt-invest.com/）を運営。2004年7月現在で会員数1万名超。編著書には「ゴミ投資家」シリーズ（メディアワークス）、『小富豪のための香港金融案内』『小富豪のためのハワイ極楽投資生活・入門』（以上、東洋経済新報社）などがある。
●E-mail:info@alt-invest.com

講談社＋α文庫 「黄金《おうごん》の羽根《はね》」を手《て》に入《い》れる自由《じゆう》と奴隷《どれい》の人生設計《じんせいせつけい》

橘《たちばな》 玲《あきら》＋海外投資《かいがいとうし》を楽《たの》しむ会《かい》・編著

2004年8月20日第1刷発行
2014年10月1日第12刷発行

発行者――――鈴木 哲
発行所――――株式会社 講談社
東京都文京区音羽2-12-21 〒112-8001
電話 出版部(03)5395-3529
販売部(03)5395-5817
業務部(03)5395-3615

装画――――浦野周平
デザイン――――鈴木成一デザイン室
本文図表――――朝日メディアインターナショナル株式会社
カバー印刷――――凸版印刷株式会社
印刷――――慶昌堂印刷株式会社
製本――――株式会社国宝社

落丁本・乱丁本は購入書店名を明記のうえ、小社業務部あてにお送りください。送料は小社負担にてお取り替えします。なお、この本の内容についてのお問い合わせは生活文化第二出版部あてにお願いいたします。Printed in Japan ISBN4-06-256873-X
定価はカバーに表示してあります。

講談社+α文庫 Ⓖビジネス・ノンフィクション

情と理 下 カミソリ後藤田回顧録	後藤田正晴 御厨 貴 監修	〃政界のご意見番〃が自ら明かした激動の戦後秘史！ 下巻は田中派の栄枯盛衰とその後	950円	G 137-2
成功者の告白 5年間の起業ノウハウを3時間で学べる物語《ストーリー》	神田昌典	カリスマコンサルタントのエッセンスを凝縮 R25編集長絶賛のベストセラー待望の文庫化	840円	G 141-1
あなたの前にある宝の探し方 現状を一瞬で変える47のヒント	神田昌典	カリスマ経営コンサルタントが全国から寄せられた切実な悩みに本音で答える人生指南書	800円	G 141-3
虚像に囚われた政治家 小沢一郎の真実	平野貞夫	次の10年を決める男の実像は梟雄《きょうゆう》か英雄か？ 側近中の側近が初めて語る「豪腕」の真実!!	838円	G 143-2
小沢一郎 完全無罪 「特高検察」が犯した7つの大罪	平野貞夫	小泉総理が検察と密約を結び、小沢一郎が狙われたのか!? 霞が関を守る闇権力の全貌！	695円	G 143-5
マンガ ウォーレン・バフェット 世界一おもしろい投資家の、世界一儲かる成功のルール	森生文乃	4兆円を寄付した偉人！ ビル・ゲイツと世界長者番付の首位を争う大富豪の投資哲学!!	648円	G 145-1
運に選ばれる人 選ばれない人	桜井章一	20年間無敗の雀鬼《じゃんき》が明かす「運とツキ」の秘密と法則。仕事や人生に通じるヒント満載！	648円	G 146-1
突破力	桜井章一	明日の見えない不安な時代。そんな現代を生き抜く力の蓄え方を、伝説の雀鬼が指南する	648円	G 146-2
なぜ あの人は強いのか	桜井章一 中谷彰宏	「勝ち」ではなく「強さ」を育め。20年間無敗伝説を持つ勝負師の「強さ」を解き明かす	657円	G 146-3
「大」を疑え。「小」を貫け。	桜井章一 鍵山秀三郎	何を信じ、どう動くか。おかしな世の中でも心を汚さず生きていこう。浄化のメッセージ！	600円	G 146-4

＊印は書き下ろし・オリジナル作品

表示価格はすべて本体価格（税別）です。本体価格は変更することがあります

講談社+α文庫 Ⓖビジネス・ノンフィクション

秘境アジア骨董仕入れ旅 お宝ハンター命がけの「黄金郷」冒険記
島津法樹
博物館級の名品にまつわる、小説や映画より「奇」なる冒険談。入手困難の名著、文庫で復活
743円 G 147-2

考えるシート
山田ズーニー
コミュニケーションに困ったとき書き込むシート。想いと言葉がピタッ!とつながる本
620円 G 156-1

闇権力の執行人
鈴木宗男
佐藤優 解説
日本の中枢に巣喰う暗黒集団の実体を暴露! 権力の真っ只中にいた者だけが書ける告発!!
933円 G 158-1

***北方領土 特命交渉**
鈴木宗男
佐藤優
驚愕の真実「北方領土は返還寸前だった!!」スパイ小説を地でいく血も凍る謀略の記録!
838円 G 158-2

野蛮人のテーブルマナー
佐藤優
酒、賭博、セックス、暗殺工作……諜報活動の実践者が、ビジネス社会で生き残る手段を伝授!
667円 G 158-3

汚名 検察に人生を奪われた男の告白
鈴木宗男
なぜ検察は、小沢一郎だけをつけ狙うのか!? 日本中枢に巣くう闇権力の実態を徹底告発!!
838円 G 158-4

殺された側の論理 犯罪被害者遺族が望む「罰」と「権利」
藤井誠二
「愛する妻と娘の仇は自分の手で」。犯罪被害者遺族の苦悶を描く社会派ノンフィクション
838円 G 160-2

普通の人がこうして億万長者になった 一代で富を築いた人々の人生の知恵
本田健
日本の億万長者の条件とは。一万二〇〇〇名の高額納税者を徹底調査。その生き方に学ぶ
648円 G 166-1

***日本競馬 闇の抗争事件簿**
渡辺敬一郎
利権に群がる亡者の巣窟《そうくつ》と化した日本競馬。栄光の裏側の数々の醜《みにく》い争いの全貌《ぜんぼう》を暴露《ばくろ》!
800円 G 167-2

***「雪見だいふく」はなぜ大ヒットしたのか** 77の「特許」発想法
重田暁彦
花王バブ、なとりの珍味からカードの生体認証システムまで、「知的財産」ビジネス最前線
600円 G 169-1

*印は書き下ろし・オリジナル作品

表示価格はすべて本体価格(税別)です。本体価格は変更することがあります

講談社+α文庫 Ⓖビジネス・ノンフィクション

40歳からの肉体改造ストレッチ ゴルフ上達から膝の痛み解消まで	石渡俊彦	身体が柔軟で強くなれば、痛み改善、ゴルフの飛距離もアップする。肉体は必ず若返る！	600円	G 171-1
就職がこわい	香山リカ	「就職」から逃げ続ける若者たち。そこに潜《ひそ》む〝本当の原因〟に精神科医がメスを入れる！	590円	G 174-1
生きてるだけでなぜ悪い？ 哲学者と精神科医がすすめる幸せの処方箋	中島義道 香山リカ	人生で本当に必要なことは？ 結婚、就職、お金、常識、生きがい、人間関係から見つめる	657円	G 174-2
〈図解〉日本三大都市 幻の鉄道計画 明治から戦後へ、東京・大阪・名古屋の運命を変えた非実現路線	川島令三	現在の路線図の裏には闇に葬り去られた数多くの鉄道計画が存在した!! 驚きの図版満載	762円	G 181-1
〈図解〉日本三大都市 未完の鉄道路線 昭和から平成へ、東京・大阪・名古屋の未来を変える計画の真実	川島令三	10年後、近所に駅ができているかもしれない!? 地価・株価をも動かす隠密計画の全貌を公開	838円	G 181-2
〈図解〉超新説 全国未完成鉄道路線 ますます複雑化する鉄道計画の真実	川島令三	ミステリー小説以上の面白さ！ 「謎の線路」と「用途不明の鉄道施設」で見える「日本の未来」	840円	G 181-3
〈図解〉配線で解く「鉄道の不思議」 東海道ライン編	川島令三	配線図だからわかる鉄道の魅力。第一人者が、大動脈「東海道線」の謎を解き明かす！	819円	G 181-4
〈図解〉配線で解く「鉄道の不思議」 中部ライン編	川島令三	配線がわかれば、鉄道がもっと楽しくなる！ 中部エリアの「ミステリー」を徹底追跡！	819円	G 181-5
〈図解〉配線で解く「鉄道の不思議」 山陽・山陰ライン編	川島令三	膨大な取材データをもとに、鉄道の魅力を再発見。山陽・九州新幹線にもメスを入れる！	819円	G 181-6
渋沢栄一 日本を創った実業人	東京商工会議所編	世界の近代化に乗り遅れた日本の進むべき道筋を示し、日本の礎を築いた渋沢の歩み！	819円	G 184-1

＊印は書き下ろし・オリジナル作品

表示価格はすべて本体価格（税別）です。本体価格は変更することがあります

講談社+α文庫 Ⓖビジネス・ノンフィクション

情報への作法	日垣 隆	徹底した現場密着主義が生みだした、永遠に読み継がれるべき25本のルポルタージュ集	952円	G 225-1
ネタになる「統計データ」	松尾貴史	ふだんはあまり気にしないような統計情報。松尾貴史が、縦横無尽に統計データを「怪析」	571円	G 226-1
原子力神話からの解放 日本を滅ぼす九つの呪縛	高木仁三郎	原子力という「パンドラの箱」を開けた人類に明日は来るのか。人類が選ぶべき道とは？	762円	G 227-1
大きな成功をつくる超具体的「88」の習慣	小宮一慶	将来の大きな目標達成のために、今日からできる目標設定の方法と、簡単な日常習慣を紹介	562円	G 228-1
「仁義なき戦い」悪の金言	平成仁義ビジネス研究所 編	名作『仁義なき戦い』五部作から、無秩序の中を生き抜く「悪」の知恵を学ぶ！	724円	G 229-1
エネルギー危機からの脱出	枝廣淳子	目指せ「幸せ最大、エネルギー最小社会」。データと成功事例に探る「未来ある日本」の姿	714円	G 230-1
世界と日本の絶対支配者ルシフェリアン	ベンジャミン・フルフォード	著者初めての文庫化。ユダヤでもフリーメーソンでもない闇の勢力…次の狙いは日本だ！	695円	G 232-1
「3年で辞めさせない！」採用	樋口弘和	膨大な費用損失を生む「離職率が入社3年で3割」の若者たちを、戦力化するノウハウ	600円	G 233-1
管理職になる人が知っておくべきこと	内海正人	伸びる組織は、部下に仕事を任せる。人事コンサルタントがすすめる、裾野からの成長戦略	638円	G 234-1
IDEA HACKS! 今日スグ役立つ仕事のコツと習慣	原尻淳一 小山龍介	次々アイデアを創造する人の知的生産力を高める89のハッキング・ツールとテクニック！	733円	G 0-1

＊印は書き下ろし・オリジナル作品

表示価格はすべて本体価格（税別）です。本体価格は変更することがあります